Roman Maria Koidl

Der letzte Scheißkerl

ROMAN MARIA KOIDL

Der letzte Scheißkerl

Wie aus dem Falschen der Richtige wird

ullstein extra

Ullstein extra ist ein Verlag der Ullstein Buchverlage GmbH
www.ullstein-extra.de

ISBN 978-3-86493-048-5

© Ullstein Buchverlage GmbH, Berlin 2017
Alle Rechte vorbehalten
Gesetzt aus der Berling Nova Text Pro
Satz: Pinkuin Satz und Datentechnik, Berlin
Druck und Bindung: CPI books GmbH, Leck
Printed in Germany

Inhalt

Den drei Mädels,
toujours

Prolog –
oder warum es
eine Fortsetzung von
Scheißkerle gibt

Sieben Jahre ist es her, dass drei junge Damen anlässlich eines »Mädelsabends« meiner damaligen Freundin bei mir auf dem Sofa saßen und mir, einem Mann (!), tränenreich erklärten, warum es wieder mal nicht geklappt hat, den Mann fürs Leben zu finden. Schlimmer noch: Diese gutaussehenden, bestens ausgebildeten, attraktiven jungen Frauen glaubten nicht einmal daran, einen adäquaten Partner zum Eheversprechen bewegen zu können – das anscheinend wichtigste Ziel im Leben einer Frau um die dreißig.

Nach einer kurzen Alice-Schwarzer-Gedenkminute wurde mir ganz blümerant: Die Frauenbewegung rührt sich offenbar kaum noch, ging es doch in vielen Gesprächen mit Frauen immer um die gleichen Fragen: »Wie oder wo finde ich den Richtigen?«, »Wie halte ich ihn?«, »Wie gefalle ich?«, »Was mache ich falsch?«. So lernte ich sie indirekt kennen: die Alle-zwei-Wochen-Männer, die Bad Boys, die Sadisten, die Parallel-Leben-Inhaber, die Betrüger und Beziehungsgestörten, die Muttersöhnchen, Freaks, verheirateten Männer, Sexmuffel und Kuschelhasen, die »Nicht bereit«-Experten, die »Komme gerade aus einer Beziehung«-Typen oder »Meine Ehe ist die Hölle«-Schwätzer und natürlich die unvermeidlichen Doktor-Kimbles-auf-der-Flucht ... vor was auch immer.

Langsam fing ich an, ein Phänomen zu erkennen, wollte verstehen, wie es so weit kommen konnte. Das war der Moment, in dem die Idee zu *Scheißkerle* geboren wurde. Paarungsbereite Frauen um die dreißig subsummieren das Thema in der schmerzhaft ungelösten Formel »Warum immer ich?«. Da die Emanzipationsdebatte mangels Relevanz wegfiel, blieben drei Herangehensweisen, die es genauer zu betrachten galt: erstens die psychologische, warum es aus Sicht der Frauen immer die falschen Kerle sind; zweitens die soziologische, warum Männer sich zunehmend der Verantwortung als Väter und Versorger entziehen respektive nicht erwachsen werden wollen; und drittens die gesellschaftliche, warum immer weniger Männer und Frauen einer hoffnungsvollen Generation eigene Gefühle artikulieren und stattdessen versuchen, die kollektive Soap-Opera, also das Stereotyp eines sentimentalen Rosamunde-Pilcher-Ideals, zu leben.

Meine These zu *Scheißkerle* war, dass in unserer

Mediengesellschaft das Gefühl zur Sentimentalität respektive die Emotion zum Pathos verkommt. Verkitschter Nährboden für Populismus einer auf Bilder fixierten Öffentlichkeit, die möglicherweise schneller wertet, als sie denken kann. Das mag auch früher schon so gewesen sein, wurde aber seinerzeit durch den sogenannten moralischen Kompass ersetzt. Ein Gerät, bestehend aus Gefühl und Anstand oder wenigstens gefühltem Anstand. Sein gegenwärtiger Verlust macht orientierungslos, weshalb solche Bücher wie das vorliegende überhaupt Chancen haben, gelesen zu werden.

Darüber hinaus spürte ich, dass das alles mit dem Selbstverständnis einer Generation von jungen Frauen zu tun hat, die gefangen ist zwischen den tradierten Werten ihrer Großeltern und Eltern auf der einen Seite – sprich: Mann, Haus, zwei Kinder – und der politisch korrekten Welt einer aufgeklärten, emanzipierten, berufstätigen Frau auf der anderen Seite – kurzum: einem selbstbestimmten Leben.

Der Spannungsbogen für das Buch wurde frei Haus geliefert. Je attraktiver und je gebildeter die Frauen, desto größer die Probleme. Nicht nur, dass die Ansprüche an Mr Right ins geradezu Unermessliche steigen, diese Frauen glauben auch, einen quasi eingebauten Anspruch auf einen »tollen Kerl« zu haben, und stellen die Suche auf dem Beziehungsmarkt viel schneller ein als weniger attraktive Frauen, wie der Wiener Evolutionsbiologe Prof. Karl Grammer in Studien immer wieder nüchtern nachweist. Dabei müssten die sogenannten

Superweiber ihre Bemühungen – aufgrund erschwerter Bedingungen – eigentlich verstärken.

Abenteuerlich, wie sich die individuellen Geschichten, die mir erzählt wurden, ähneln, wie sich die Sprüche der Männer gleichen und wie stereotyp die Erlebnisse dieser Generation sind. Eine Journalistin, die mich nach der Veröffentlichung von *Scheißkerle* interviewte, gestand mir, dass sie Angst vor dem Treffen mit mir hatte, weil sie dachte, ich würde ihren Exfreund kennen. Sie hatte in meinem Buch Sätze entdeckt, die dieser wortwörtlich zu ihr gesagt hatte. Ich konnte sie beruhigen: Den Kerl kannte ich nicht, aber die Sätze hatte ich immer wieder gehört. »Sie haben genau meine Lebensrealität getroffen! Ihr Buch hat mich so aufgeregt und wütend gemacht, dass sich meine Menstruation um acht Tage verschoben hat«, schrieb mir eine Leserin.[1] Ich habe mich darum bemüht, auf die unzähligen Zuschriften mit der gebotenen Ernsthaftigkeit zu antworten.

Auch in meinen Alltag hielten die »Scheißkerle« Einzug. Heute noch begrüßen mich Menschen am Telefon gern mit »Hallo, du Scheißkerl!«, ich weiß nicht, wie oft ich die Frage beantworten musste, ob es sich bei *Scheißkerle* »um meine Autobiographie handelt« (hö, hö!), wieder andere glauben zu erkennen, »der schreibt doch über sich selbst«, und einige halten mein Buch offenbar für die längste Kontaktanzeige der Welt.

---

1 Den hier in diesem Buch erwähnten Leserzuschriften liegen reale Mitteilungen zugrunde. Sie sind jedoch zum Schutz der Betroffenen verfremdet.

Bis heute erreichen mich Zuschriften und Mails zum Thema Liebe, Partnerschaft und Beziehung. Es besteht also noch Gesprächsbedarf. Deshalb habe ich mich dazu entschlossen, nach der Analysephase in *Scheißkerle* ein praktisches Buch zu schreiben, das Antworten auf die Frage gibt, wie man denn den Richtigen findet und, wichtiger noch, wie man mit ihm eine dauerhafte und langfristige Beziehung aufbaut.

Der Natur solcher Bücher ist es geschuldet, dass hier Ereignisse und Erfahrungen verallgemeinert werden. Dennoch hat mich erstaunt, wie oft ich Zuschriften erhalten habe, in denen über ähnliche Erlebnisse berichtet wurde. Und so ist es statthaft, allgemeine Beziehungsstrukturen aufzuzeigen und zu hinterfragen. Ich sage das, weil der überaus naheliegende Einwand »Das sind doch alles nur Klischees!« durch die Vielzahl der teilweise wortgleichen Sprüche, Versatzstücke, Ausreden, Lügen und Betrugsmaschen widerlegt wird. Männer sind schlichter gestrickt, als so mancher wahrhaben will, und zwar vertikal durch alle sozialen Schichten. Außerdem findet sich in der Wiederholung ähnlicher Strukturen auch Trost, mit der eigenen Geschichte nicht allein zu sein.

Ich danke den mehr als viertausend Leserinnen, die mir geschrieben haben, und insbesondere jenen Frauen, die in persönlichen Gesprächen bereit waren, ihre Geschichten mit mir zu teilen. Manches von dem, was sie mir erzählt haben, erwies sich als haarsträubender als jede Fiktion.

Seit der Veröffentlichung von *Scheißkerle* sind ein paar Jahre vergangen, der Autor ist mit den Themen seiner Figuren gewachsen, und so geht es in meinem neuen Buch um die Probleme von Paaren. Im Vordergrund stehen, wie schon angedeutet, unsere Emotionen. Doch nicht unsere Gefühle sind das Problem, sondern wie wir sie deuten. Ein Gefühl sticht dabei besonders stark heraus: die Angst. Liebe und Angst bilden ein bekanntes Paar. Von ebendiesem berichtet der vorliegende Text. Er handelt vom Einander-Erkennen, -Auswählen und -Behalten. Auf dass sich *Der letzte Scheißkerl* für immer verabschiede.

Roman Maria Koidl
März 2017

Schon mein erster Kontakt zu einem Mann
war eigentlich zum Scheitern verurteilt.
Entjungfert hat mich mein Nachhilfelehrer,
natürlich habe ich die 15 DM trotzdem entrichtet,
wenngleich mir keine Mathematik nähergebracht wurde.
(Ricarda, 30)

Geliebt werden
immer die anderen

Dieses Buch beschäftigt sich vornehmlich mit der Frage, warum uns kaum etwas mehr Angst macht als die Liebe. Und warum wir immer wieder Menschen auswählen, die uns alles andere als guttun. Da gibt es die Angst vor der Verbindung, die Panik, das Selbst zu verlieren, die Sorge vor der Hingabe, den Horror vor der Veränderung, die Peinlichkeit zu versagen, die Not, ungenügend, und die Furcht, nicht attraktiv genug zu sein. Nicht selten ist die Angst in ihr Gegenteil verkehrt, und manchmal wissen wir gar nicht, dass eine

Entscheidung unterbewusst – nämlich aus Furcht – getroffen wurde. Denn oft kommt die Angst perfekt maskiert, verwandelt, als vermeintliche Stärke, Fürsorge, Bedachtsamkeit oder gar in einem lustigen Gewand daher.

Grenzenlose Verliebtheit ist keine Widerlegung dieser These, sie ist ihre bestätigende Ausnahme. Der ultimative Rausch ist nichts anderes als eine temporäre Abwesenheit all unserer Ängste, ein psychedelischer Ausnahmezustand, eine neurotische Trunkenheitsfahrt. Gäbe es den Effekt nicht, würde es bei den meisten mit der Fortpflanzung gar nichts mehr werden. Das ständige Grübeln »Ist er der Richtige?« würde auch die resistenteste Eizelle nicht überstehen.

Wer verliebt ist, der ist im wahrsten Sinne des Wortes »von Sinnen«, hierbei werden vor allem unsere Ängste ausgeschaltet. Eine Droge, deren Trip zuverlässig nach acht bis zwölf Wochen nachlässt. Dann sind sie alle wieder da, die kleinen Macken, Phobien und Neurosen. Jene, die uns einigermaßen bekannt sind, und jene, die seit Jahren unser Unterbewusstsein dazu bringen, Entscheidungen zu treffen, die uns an anderen, vor allem aber an uns selbst zweifeln lassen. Jeder, der einmal so richtig verliebt war, kennt diesen Effekt. In der Hochphase unendlicher Verliebtheit gelingt uns auf einmal alles, die Menschen sind freundlich, im Job klappt es, Aufträge sprudeln. Ein unmittelbarer Beleg dafür, wie stark wir durch unser Verhalten in der Lage sind, unser Umfeld und damit unser Leben zu prägen. Einzig, die wenigsten ziehen die richtigen Schlüsse aus diesem bedeutenden Erlebnis.

So ist es ein Irrglaube zu meinen, man könne den eigenen Partner verändern, ihn sich »passend machen« oder gar zum Guten wenden. Der ultimative Kapitulationssatz lautet: »Ihr müsst ihn nur einmal mit meinen Augen sehen, in Wirklichkeit ist er ganz anders.« Ist er nicht. Er ist genau so, nur mit den Augen stimmt was nicht. Da fragt man sich in stillen Stunden schon einmal, warum sich jemand immer wieder auf einen Partner einlässt, der offenbar mehr als einen kleinen Webfehler im Muster hat: wie viele Frauen, die immer wieder Mutter-Teresa-mäßig versuchen, ihre beziehungsgestörten »Kindkerle« zu einem besseren Leben zu coachen. Wie ja überhaupt »coachen« das ganz große Thema unserer Gegenwart ist. Jeder meint, den anderen coachen zu müssen, doch kann man sich des Eindrucks nicht erwehren, dass insbesondere jene diese Hilfe anbieten, die sie selbst am nötigsten bräuchten.

Echte Veränderung kann man indessen am besten bei sich selbst bewirken. Dass damit nicht die Forderung einhergeht, ausschließlich Frauen müssten für eine gesunde Partnerschaft Sorge tragen, sollte sich von selbst verstehen. Dass dies hier zu Beginn des Buches mehrfach hervorgehoben wird, liegt ganz einfach daran, dass mich nach der Veröffentlichung von *Scheißkerle* so viele Zuschriften erreicht haben, die sinngemäß mit der Frage begannen: »Mein Freund ist gestört, wie kann ich ihn ändern?« Noch einmal: Es ist eben gerade nicht so, dass man seinen Partner verändern kann. Aussichtslos. Aber man kann das System ändern, in dem man mit ihm lebt, und damit die Grundlagen, auf denen die Beziehung fußt.

Auf den kommenden Seiten geht es also darum herauszufinden, welche Ängste das Verhalten auf beiden Seiten der Partnerschaft prägen. Komischerweise ist es ja so, dass wir alle in erster Linie mit unseren Ängsten und Nöten beschäftigt sind und die des Gegenübers gar nicht im Blick haben.

Eine prominente TV-Moderatorin hat mir einmal gestanden, dass sie darunter leide, dass ihr neuer Partner sie möglicherweise nicht attraktiv genug finden könnte. Deswegen steht sie jeden Morgen um vier Uhr auf, um sich zu schminken, und legt sich dann wieder ins Bett, damit der Prinz beim Aufwachen nicht erschrickt! Darüber mag man schmunzeln. Richtig lustig wird die Sache, wenn man von besagtem Kerl erfährt, dass ihm das gar nicht aufgefallen ist. Er war einfach viel zu sehr darauf konzentriert herauszufinden, ob die attraktive TV-Frau seine Qualitäten im Bett als ausreichend befunden hat.

So ist eben jeder hauptsächlich mit seinen Belangen beschäftigt und übersieht dabei schnell, dass das Gegenüber gerade selbst alle Hände voll damit zu tun hat, die eigenen Defizite zu kontrollieren. Das Verständnis für Ängste, die Frage, woher sie rühren, welche Gestalt sie haben, warum wir uns – mit unbewusster Sehnsucht – immer wieder jemanden suchen, der mit einer entsprechenden Disposition – wie zufällig – genau zu uns passt (oder eben auch nicht), wirft nach der Lektüre dieses Buches hoffentlich ein gänzlich neues Licht auf die eigene Paarbeziehung. Im besten Falle das Licht der Akzeptanz.

Wie kommen wir raus aus der Nummer?
Wie lernen wir, unsere Schemata hinter uns zu lassen
oder zumindest mit ihnen umgehen zu können,
wie lernen wir, sie zu akzeptieren?
(Helena, 32)

Love Coach

Der letzte Scheißkerl fängt da an, wo sein Vorgänger endet. Deshalb möche ich die ganzen »Scheißkerle« noch mal kurz Revue passieren lassen. Nichts ist besser dafür geeignet, als entsprechende Passagen aus den zahlreichen Zuschriften meiner Leserinnen zu zitieren. Ich bin weder Psychologe noch Therapeut, sondern verstehe mich als Berichterstatter mit Anteilnahme, aber ohne Teilhabe. Die folgenden Tipps sind also als allgemeine Hinweise zu verstehen, auch die beste Freundin oder der schwule Kumpel dürfte sie so geben. Der Unterschied ist nur, dass sie konkreter sind. Man könnte auch sagen: ungeschminkter.

Denn eines ist mir in den Gesprächen mit Betroffenen ganz besonders aufgefallen: Wenn die Wahrheit zu sehr »verpackt« wird, um der ohnedies schon leidenden Freundin nicht noch größere Schmerzen zuzufügen, kann man es auch gleich lassen. Die Message kommt nicht an. Der Klassiker geht so: Kerl verlässt Freundin, die sitzt jetzt heulend auf dem Sofa, allen ist klar, »er« wollte nur vögeln, »sie« war hingegen verliebt. Antwortet man auf die Frage »Glaubst du, er ruft noch mal an?« mit »Wahrscheinlich eher nicht«, hört die Leidende auf dem Sofa das »wahrscheinlich« zehnmal lauter als das »eher nicht«. Die richtige Antwort lautet: »Sorry, der wollte nur ficken, vergiss ihn, und zwar sofort!« Es ist eben, wie Oma schon immer sagte: »Besser ein Ende mit Schrecken als ein Schrecken ohne Ende.«

Besonders tragisch gefangen sind Frauen, die dem Typ »Wärmeplatte« verfallen, dem Induktionsherd unter den Männern. Man kann ein Stück Küchenrolle drauflegen, da brennt nichts an. Aber bei den Mädels kochen förmlich die Töpfe über, wenn er in ihre Nähe kommt. Das hängt mit seiner nicht greifbaren Persönlichkeit zusammen, die innerhalb von Minuten zwischen unglaublicher Aufmerksamkeit und vollständigem Desinteresse changiert. Ist die Betriebstemperatur einmal erreicht, geht die Herdplatte aus, ohne dass man an den Knöpfen gedreht hat. Kühlt sich die Sache hingegen ab, springt die Platte von selbst wieder an. Dieser Bauknecht weiß, was Frauen wünschen. Faszinierend.

Die Triebfeder, bei solchen Typen zu bleiben, ist stets die gleiche: Hoffnung. Ein starkes Gefühl, das noch nie zum Besten einer nicht funktionierenden Beziehung gewirkt hat. Jedes Wort, jedes Zeichen, jeder Hinweis wird in Hoffnung und damit in ein Signal umgemünzt, es könnte vielleicht doch noch klappen. Solches Verhalten hat tatsächlich ähnlich strukturelle Merkmale wie Drogensucht und muss auch so behandelt werden. Da hilft nur eines: gnadenlose Ehrlichkeit.

Aber Achtung: Sich im Freundeskreis als Love Coach zu präsentieren kann gewaltig in die Hose gehen und schlimmstenfalls langjährige Freundschaften nachhaltig zerstören. Am Ende ist der Übermittler der schlechten Nachricht immer der Schuldige. Angst, Verzweiflung, Wut und Trauer werden Sie treffen, wenn Sie versuchen, mit klaren Worten zu helfen. So geschehen bei Helga, einer 62-jährigen Leserin, die zu ihrer Freundin Magda nach der Lektüre meines Buches sagte: »Ich weiß jetzt Bescheid, dein Mann Klaus ist ein Schwein.«

Solche Direktheit empfehle ich daher nicht zur Nachahmung. Freundschaft beginnt eben auch dort, wo man bereit ist, die Unzulänglichkeiten des anderen, seine Ausbrüche, Schwächen und Schmerzen mitzutragen. Grundsätzlich sollte man Liebeskummer und Beziehungsprobleme einer nahestehenden Person als das sehen, was sie sind: echte Not. Damit richtig umzugehen ist eine ähnlich große Herausforderung, wie den Schmerz von Menschen zu begleiten, die einen Todesfall zu verarbeiten haben. Emotional ist die Gefühlslage absolut vergleichbar. Deshalb genügt es, anwesend zu sein, zuzuhören, Zuneigung zu zeigen, abzulenken oder einfach nur schweigend dabeizusitzen.

Die Dinge sind eben oft komplexer, als sie scheinen. Wir alle neigen dazu, den Horizont unserer Erfahrungen zum Maßstab für andere zu machen, und übersehen dann, dass beispielsweise die Freundin, die wir für ein Opfer halten, in Wahrheit eine gutmaskierte Täterin ist. Verschieben, verkehren, projizieren, all das sind Handlungen, die man nur schwer durchschaut, deshalb: Packen Sie nicht den Werkzeugkoffer aus, ein warmer Tee genügt.

Die nachfolgenden Geschichten von Leserinnen wurden mir so oder so ähnlich Hunderte Male erzählt. Schauen wir uns noch einmal den Typ »Wärmeplatte« genauer an:

Auf einer Party habe ich einen tollen Mann kennengelernt und die Nacht mit ihm verbracht, wobei es – auf meinen Wunsch hin – beim Küssen blieb. Seitdem antwortet er mir zwar, wenn ich ihm eine SMS oder Mail schreibe, trifft sich auch mal mit mir. Von ihm kommt allerdings gar nichts. Langsam frage ich mich, ob er überhaupt etwas von mir will. Soll ich den Typen lieber vergessen?

Der Alle-zwei-Wochen-Mann hat so viele Optionen bei Frauen, dass er Sie darüber schlicht und einfach vergessen hat. Der will nix, der will nur spielen. Viele dieser

Typen brauchen daher auch keinen Sex, denn sie sind schon damit zufrieden zu wissen, dass es theoretisch klappen könnte. Ein bei Frauen in der Kategorie »Restebumsen« äußerst erfolgreicher 32-jähriger Barkeeper sagte mir einmal: »Sex ist ja auch irgendwie immer gleich: weich, feucht, vorbei.« Diesen Männern geht es mehr um Bestätigung als um Eroberung. Deswegen müssen sie die Sache auch nicht notwendigerweise zum »Abschluss« bringen. Auf dem »Treppchen« seiner Bedürfnisse stehen Sie damit ganz unten. Nur eines kann der tolle Mann, den Sie getroffen haben, nicht: Sie von der Treppe stoßen, das erträgt sein Ego nicht. Denn eigentlich gehören alle Frauen ihm. So hält er Sie in einer imaginären Liste ein wenig warm, denn man weiß ja schließlich nicht, ob noch eine »Dürreperiode« kommt. Den Alle-zwei-Wochen-Mann erkennt man daran, dass er in unregelmäßigen Abständen, eben alle paar Wochen, eine SMS schreibt, gern auch unvermittelt nach mehreren Jahren der Kontaktlosigkeit. Wenn ein Mann Interesse hat, dann zeigt er das deutlich: Er schickt Blumen, ist euphorisch und kann die Finger nicht von Ihnen lassen. Der Nächste bitte!

Auf einem Klassentreffen traf ich meine große Liebe wieder. Er erzählte, er sei verheiratet und habe Kinder. Aber wie's eben manchmal so geht, begannen wir trotzdem eine Affäre. Nach einigen Wochen trennte er sich von seiner Frau und zog bei mir ein. Ein Dreivierteljahr ging alles gut, wir waren glücklich. Doch

eines Morgens gestand er mir plötzlich unter Tränen,
er würde zu seiner Familie zurückkehren. Muss man
bei allen verheirateten Männern letzten Endes damit
rechnen?

Der »Meine Ehe ist die Hölle«-Schwätzer ist so attraktiv, weil er unerreichbar bleibt. Nichts ist so stark wie die Bindung an eine eigene Familie, darüber muss sich jede Affäre im Klaren sein. Merke: Die Geliebte verliert immer. Ausnahmen bestätigen dabei nur die Regel. Aber Liebhaberinnen verheirateter Männer sind weder dumm noch naiv. Sie sind einfach hoffnungsfroh und wünschen sich selbst ein Familienleben. Sie glauben allzu gern jemandem, der das perfekt vorgaukeln kann, höchstwahrscheinlich dabei aber nur Abwechslung sucht.

Sind es immer wieder verheiratete, also unerreichbare Männer, an die Sie geraten, dann stellt sich die Frage nach der eigenen Geschichte. Das trifft übrigens auch auf Fernbeziehungen zu. Das Wesen einer solchen Partnerschaft liegt schon im Namen begründet: Man ist sich fern. Das kann durchaus im Interesse der Betroffenen sein, auch wenn man sich das Gegenteil schwört. Zufällig ist es jedenfalls nicht. In den meisten Gesprächen, die ich geführt habe, kam es am Ende zu einem Bekenntnis: »Ich ertrage dauerhafte Nähe nicht.« Ein Satz, den man nicht gern über sich sagt. Er widerspricht dem gängigen Rollenmodell von Partnerschaft und Beziehung und löst Unverständnis aus. So suchen sich die

Betroffenen immer wieder Situationen, in denen eine temporäre, sehr intensive Nähe hergestellt wird, die aber ein klares Ende hat.

Zum Wochenende hin herrscht dann Stoßverkehr in diesen wahrhaft abgefahrenen Beziehungen. Die Geliebten verheirateter Männer reisen ab, weil ihr Kerl zu Mutti und den Kindern muss. Die Millennials hingegen reisen an, weil sie meinen, in den Luftraum Kopenhagen–Berlin passt auch noch eine junge Liebe zwischen zwei Karrierewünschen. Und am Ende reisen minderjährige Kinder mit traurigen Augen und einer großen gelben UM-Tasche um den Hals von Berlin nach München, weil ihre Eltern zu große Nähe und Konflikte in Beziehungen nicht ertragen können. Die Frage, warum Personen zu diesen Gefühlen nicht fähig sind, liegt oftmals in der gegengeschlechtlichen Prägung unserer Kindertage. Bei Frauen vielfach in der fehlenden Beantwortung, also der emotionalen oder physischen Abwesenheit des Vaters, bei Männern eher in einer mangelnden Verbindung zur Mutter. Beantwortung und Verbindung sind für mich die beiden zentralen Begriffe, wenn es um das Verständnis unserer eigenen Entwicklung wie auch der Beziehung zu anderen Menschen geht.

Kim (29) beklagte mir gegenüber, dass die Männer, mit denen sie zusammenkommt, nach spätestens sechs Monaten wieder aus ihrem Leben verschwinden. Alles Scheißkerle! Etwas näher befragt, stellte sich heraus, dass sie es ist, die eigentlich nicht mehr will, und die Jungs kraft ihrer Intelligenz herablassend behandelt, weil sie sich von ihnen irgendwie »bedrängt« fühlt. Kurzum, Kim schickt ihre Kerle in die Wüste, hält sich selbst aber für das verlassene Opfer. Auf meine Frage, was denn ihr Vater früher beruflich gemacht habe, sagte sie: »Kapitän auf einem Containerschiff.«

»Und wie oft kam der nach Hause?«

»Alle sechs Monate.« Kim sah mich an wie eine Glühlampe, bei der gerade das Licht eingeschaltet wurde. Darüber mag man schmunzeln, klar war Kim dieser überaus naheliegende Zusammenhang jedoch nicht. Sie selbst arbeitet heute für eine Containerreederei und auf meinen diesbezüglich fragenden Blick sagte sie: »Nee, das ist echt nur Zufall!«

Ach, wirklich? Einsamkeit hat eben viele Gesichter. Je bekannter dieses Gesicht ist, desto schwerer ist es, sich von ihm zu lösen, auch, wenn der Schmerz darin kein Glück erkennen lässt.

Seit fünfzehn Jahren führen mein Freund und ich eine harmonische, glückliche Beziehung. Doch sobald es ums Heiraten geht, blockt er ab. Warum scheut er sich nur, Verantwortung zu übernehmen? Liebt er mich nicht?

Dr. Kimble ist immer auf der Flucht. Gerade jüngere Männer haben in unserer Gesellschaft offenbar ein echtes Problem, erwachsen zu werden und Verantwortung zu übernehmen. Mit »Circus HalliGalli« zieht diese Lebenshaltung ins Hauptabendprogramm des deutschen

Fernsehens ein, auf dass die Pubertät nie enden möge. Geil, Alter!

Die Weigerung junger Männer, Verantwortung zu übernehmen, hängt mit mehreren Faktoren zusammen: den unglaublichen Möglichkeiten des Internet-Datings, der Tatsache, dass Single zu sein heutzutage keinen Malus mehr darstellt, und schließlich dem Selbstverständnis moderner Frauen, Männern zu signalisieren: Wir sind unabhängig, im Zweifel besser ausgebildet und verdienen mitunter besser. Damit können viele Männer schlecht umgehen. Sie wollen lieber eine Frau, die sie anhimmelt und sagt: »Keiner kann so gut einparken wie du.« In Deutschland leben über zwei Millionen alleinerziehende Mütter. Davon sind fast die Hälfte auf Hartz IV. Wir haben offenbar vergessen, dass Ehe nicht zuletzt ein ökonomisches Modell ist. In diesem Zusammenhang haben sich allerdings die jungen Männer der Generation Y schon weitgehend abgemeldet oder tun sich mit Frauen zusammen, denen es keinen Abscheu bereitet, dass der Mann ihrer Wahl sie nach Kriterien ausgesucht hat, die er auch beim Kauf eines neuen Sportwagens im Autohaus anlegen würde. Wie Pit, der schwäbische Schwerenöter, dessen hauptsächliche Anforderung an eine neue Partnerin lautet: »Ha, weisch, es muss halt eine Einlaufkatze sein.« Wem die Meinung der Kumpels im Hinblick auf eine neue Partnerin wichtiger ist als die Frage nach Gemeinsamkeiten, Verbindungen und Gefühlen, der darf sich bei der Scheidung nicht wundern, wenn die Ehefrau das

Ganze vollkommen zu Recht als Geschäft begriffen hat und nun die Auszahlung ihres Bonus erwartet.

Die zunehmende Kommerzialisierung von Liebe und Partnerschaft durch Tinder & Co. in Kombination mit der Verantwortungsverweigerung junger Männer ist zu einem ökonomischen Problem geworden, das eine vollkommen neue Form der Teilprostitution zutage gebracht hat: das sogenannte Sugar-Daddy-Phänomen. Dabei suchen in der Regel junge Mütter mit Mitte zwanzig nach älteren Herren jenseits der fünfzig mit Geld. Die Internetportale wie seekingarrangement oder sugardaddy funktionieren wie Hedgefonds bei einem Finanzarbitragegeschäft: Je älter der Mann oder je hübscher und jünger das Mädchen, desto höher die »monatliche Unterstützung«. Diese Zahlung steht im Vordergrund, und so geben junge Frauen ganz unverhohlen an, welchen monatlichen Betrag sie sich als Budget wünschen. Unter den suchenden Frauen befinden sich überdurchschnittlich viele Mütter, deren Kerle sich schlicht vollständig entziehen, also weder emotional noch finanziell zur Verfügung stehen – »Prostitution Light« als Nebenwirkung einer narzisstischen Gesellschaft, die meint, ein »RIP« auf Facebook sei eine angemessene Trauerbekundung und das Urlaubserlebnis zu »sharen« sei wichtiger, als es mit dem anwesenden Partner zu teilen. Rette sich, wer kann!

Alle Typen, denen man mit über dreißig auf dem Singlemarkt begegnet, haben einen Hau. Es gibt den er-

folgreichen, gutaussehenden, charmanten Typen, der aber bei dem Stichwort »Familie« sofort den Schwanz einzieht. Dann sind da Männer, die nach einer schweren Trennung keiner Frau mehr trauen, solche, die ständig von »offener Beziehung« reden, oder Kerle, die an kompletter Selbstüberschätzung leiden. Wo gibt es eigentlich die normalen, guten Männer?

Machen wir es uns doch an dieser Stelle einmal einfach. Auf dem Beziehungsmarkt – ja, es ist bei nüchterner Betrachtung ein Markt, auch wenn Sie das nicht so gern hören mögen – gibt es Haie und Delphine. Letztere sind die treuen Seelen, aber sie sind den meisten Frauen etwas zu langweilig. Insbesondere wenn die Damen – was Studien belegen – ihre fruchtbaren Tage haben. Dann sind, aus Gründen, die man der Evolution nicht verübeln kann, vor allem Haie gefragt. Danach eher wieder Delphine. Wer also gerade im Hormonschub, zudem unter Einfluss alkoholischer Getränke, auf einer Single-Party oder Hochzeit der besten Freundin einen Lustfrust-Abend verlebt, wird eher mit dem Hai nach Hause gehen. Außerdem macht der erst einmal mehr Spaß. Einige Wochen später findet man sich dann wieder in einer Art Duftkerzen-Realität, träumt vom ersehnten Nachwuchs, hört Tim-Bendzko-Songs und verdammt einen Mann, der seine promiskuitiven Bedürfnisse nicht gerade mit einem großen Warnhinweis an die Brust getackert, aber eben auch nicht zur Gänze verleugnet hat.

Fairerweise sei angemerkt, dass die Anforderungen, denen Männer heute gerecht werden müssen, ungemein umfangreich sind. »Er soll Humor haben, aber kein Clown sein«, »Geld haben, aber kein Angeber«, »Karriere machen, sich aber um die Kinder kümmern«. Und nicht zu vergessen: »ein Held auf dem Laken, aber auch ein ganz Fürsorglicher«. Vor derlei komplexen und zum Teil widersprüchlichen Bedürfnissen haben viele Männer nicht nur kapituliert, sondern sie haben darüber sogar einen perfiden Verachtungsmechanismus entwickelt, der seine Speerspitze in der weltweit verbreiteten »Pick-up«-Szene wiederfindet, eine verdammt gut organisierte Community, in der nicht nur der »perfekte Aufriss« propagiert, sondern zu allem Überfluss auch noch eine unverhohlen frauenfeindliche Ideologie transportiert wird.

Die Meistererzählung dieses unappetitlichen Genres: »Früher war ich lieb und nett, und keine Frau wollte etwas von mir. Jetzt bin ich ein Schwein, und alle finden's geil.« Da denkt der Durchschnittsdepp: »Hab ich's doch immer schon gewusst.« Und so treffen sich Männer, von denen manche wohl mehr als einen Nagel im Kopf haben, in Seminarräumen und Online-Foren oder kaufen Bücher selbsternannter »Casanova Coaches«, die ihnen erklären, dass man mit dem richtigen Spruch, der richtigen Attitüde, jede ins Bett bekommt, pseudosozialbiologische Untermauerung inklusive. Die *Frankfurter Allgemeine Zeitung* berichtete unlängst, dass es auf dem Gelände der Universität Frankfurt zu sexistischen

Übergriffen sogenannter Pick-up-Artists gekommen sei.

Diese immer größer werdende Gruppe von Männern fühlt sich von Frauen gesellschaftlich und sozial benachteiligt, gar »überholt« und rächt sich nun offenbar in Wort und Tat. Dem kommt insbesondere die digitale Revolution zupass, allen voran die Internet-Beziehungs-Supermärkte mit ihren gutgefüllten Regalen, aus denen sich Fremdgeher und Profi-Aufreißer nach Belieben bedienen können. Weil die »Ware« aber mitreden darf, erzählen die Kerle bis zur Kasse etwas von romantischen Gefühlen, ihrer Liebe zum Ballett oder wunderbaren Fernreisen. Nach dem Auschecken gehen sie dann direkt wieder in den Laden hinein und lassen die Neuerwerbung vor der Tür stehen, gern auch mal mit Kind. Der Wahrheit ist aber auch geschuldet: Die Regalreihen mit den »Delphinen« sind recht schlecht besucht, in der Abteilung »Haifisch« dagegen ist es immer übervoll.

Ich habe mich vor einem halben Jahr in einen Mann verliebt. Single wie ich und in jeder Hinsicht mein absoluter Traumtyp. Jetzt bin ich dahintergekommen, dass er verheiratet ist. Für mich ist eine Welt zusammengestürzt. Natürlich habe ich die Beziehung sofort beendet. Doch wie kann ich jetzt noch einem Mann trauen?

Der Parallelleben-Inhaber ist nicht die Ausnahme, er ist die Regel! Besser hinsehen, nicht die Augen verschließen, Fragen stellen. Viele Männer sagen später frech: »Selbst schuld, du hast ja nicht gefragt.« Frauen wollen Harmonie, sie wollen den Zauber des Anfangs nicht zerstören. Es ist doch heute normal, dass der Typ aus dem Internet kommt, und vor allem, dass er dort auch bleibt. Zu Deutsch: Er datet jeden Abend eine andere. Der Mann, der eine ernsthafte Beziehung sucht und auch behalten möchte, ist zur Ausnahme geworden. Hören Sie auf, das vor sich selbst schönzureden, und sehen Sie der Realität ins Auge.

Mein Freund trifft sich immer noch mit seiner Ex. Mich stört das, ich habe aber das Gefühl, ich kann nichts dagegen machen. Irgendwie glaube ich, dass diese alte Geschichte ihn nicht loslässt – und sie kräftig in unsere Beziehung reinfunkt. Was tun?

Der »Ich komme gerade aus einer Beziehung«-Typ gehört in die Gefahrenklasse A der Beziehungsgestörten! Seine Gefühle sind anderswo gebunden, für längere Zeit. Merke: Frauen leiden in der Beziehung und Männer danach. Was er jetzt braucht, sind Ablenkung und die Bestätigung seines zerstörten Selbstwertgefühls. Zu Deutsch: Sex. Und ist der Typ auch nur »ein bisschen« bei der anderen, so ist er jedenfalls nicht ganz bei Ihnen. Liebes, Sie leben von der Hoffnung, nicht von der Liebe. *Return to sender!*

Ich war drei Monate mit einem Mann zusammen und hatte auch einen Schlüssel zu seiner Wohnung. Plötzlich war er wie vom Erdboden verschwunden und reagierte auf keinen Anruf, keine Mail, keine SMS. Ich überlegte sogar, die Polizei einzuschalten. Zwei Wochen danach entdeckte ich, dass er klammheimlich den Schlüssel mitgenommen – also praktisch mit mir Schluss gemacht hatte, ohne mir ein Wort zu sagen. Wohin mit meiner Wut?

Der »Ghost« ist tatsächlich schwer zu erkennen. Mit Intelligenz hat das nichts zu tun, ausschließlich mit Ihren empathischen Fähigkeiten. Sie müssen sich einmal die Frage stellen, warum Ihnen drei lange Monate nicht aufgefallen ist, auf welches konfliktscheue Weichei Sie sich da eingelassen haben. Warum konnten Sie das nicht erkennen, haben alles geglaubt, was man Ihnen aufgetischt hat? Klang es mal wieder »so gut«, »so echt«, »so wahr«? Sie sind einem Phantom aufgesessen, so muss man das nennen. Aber die interessante Frage richtet sich doch an Sie selbst: Warum können Sie offenbar nicht erkennen, dass Ihnen ein Mann hinsichtlich seiner Gefühle erfolgreich etwas vorgemacht hat? Die berühmte Schweizer Psychologin Alice Miller hat schon 1979 geschrieben, dass wir nur dort empathisch sein (Gefühle haben) können, wo wir als Kinder frei waren. Wo genau liegt Ihre Kinder*un*freiheit, die Ihnen versagt, wahre Gefühle von vorgegaukeltem Männer-Pathos-Geschwafel zu unterscheiden?

Kürzlich habe ich einen zehn Jahre jüngeren Typen kennengelernt. Er war Fußballspieler ohne festes Team und wohnte in London. Wenn ich ihn sehen wollte, musste ich ihm das Flugticket bezahlen. Auch sonst an den Wochenenden musste ich ihn aushalten. Ein paarmal habe ich das mitgemacht, aber mittlerweile sehe ich das nicht mehr ein. Als ich ankündigte, ihm kein Geld mehr zu geben, drohte er mir mit Liebesentzug. Was soll ich tun, ich hänge immer noch so an ihm …?

Bei Ihrem Kerl handelt es sich um einen »Privatpatienten«. Das sind die Energiesauger, Kühlschrankleerfresser und Bankkontenabräumer unter den Scheißkerlen. Aber sie existieren nur, wenn sich eine selbsternannte Krankenschwester anbietet. Der Deal geht so: Er lässt sich unterstützen, und Sie haben ein gutes Gefühl bei dieser Unterstützung. Endlich jemanden, den man versorgen kann. Dahinter könnte man auch die Angst vermuten, allein zu sein, allein zu bleiben. Vor allem aber steckt doch wohl die Angst vor einer Ichwerdung dahinter. Nach dem Motto, wenn ich mich und meine Bedürfnisse, mein Ego, meine Interessen in den Vordergrund stelle, werde ich nicht mehr geliebt.

Unglaublich, wie viele Frauen, von magischer Geisterhand geführt, immer wieder an solche Patienten geraten. Aber so lebensunfähig, wie es scheint, sind die Jungs meistens gar nicht. Im Gegenteil: Sie haben nur intuitiv erkannt, dass es viele Frauen gibt, die gern helfen und sich dadurch bestätigt fühlen. Das nutzen die Kerle geschickt aus und »melken die Kuh«, bis sie leer gesaugt ist. Ich erhalte besonders viele Mails von Leserinnen, die durch ihre Partner in wirtschaftliche Not geraten sind, etwa wegen Ratenzahlungen, Mithaftung (»Unterschreib das mal hier schnell«) oder auch einfach, weil sie von ihnen bestohlen wurden. Hören Sie auf, jene Liebe, die Sie selbst vermissen, anderen im Wege der Nothilfe zu spenden. Machen Sie es wie jeder gute Sanitäter: Achten Sie zuallererst auf sich selbst, und helfen Sie erst danach anderen.

Ich habe einen Mann kennengelernt. Er sagte stets, dass er mich liebt, wunderschön findet usw. Ich habe ihm geglaubt und tu das bis heute.
Wir schrieben täglich Hunderte SMS hin und her, wir trafen uns bei jeder Gelegenheit. Er war wundervoll zu mir. Alle seine Kollegen wussten über uns Bescheid. Doch nach zwei Wochen beendete er die Beziehung ohne (für mich) ersichtlichen Grund. Er sagte nur, er habe schon seit längerer Zeit Bewerbungen laufen und wolle wegziehen. Er habe Angst davor, mich hier irgendwann zurückzulassen. Also verließ er mich.
Hat er wirklich nur Angst? Liebt(e) er mich wirklich? Und wenn ja, wird diese Liebe irgendwann stärker sein als seine Angst? Die Trennung ist jetzt vier Monate her. Wir haben kaum Kontakt.

Ach, liebes Vielleichtchen, du Blume der Hoffnung, nach vier Monaten Beziehungsende glaubst du immer noch an ein Missverständnis! Du bist dem Typ »Hausmeister« verfallen. Keine Sorge, so in zirka sechs Wochen wird er durch die Kontakte seines Smartphones scrollen, dich entdecken, die Tür aufschließen und dich danach wieder in den Schrank mit dem Putzzeug räumen. Denn dazu dienst du: zum Reinigen seines unaufgeräumten und unerwachsenen Selbst. Ja, »vielleicht« hat er einfach zu viel zu tun, oder »vielleicht« ist er vom Fahrrad gefallen und hat sich den Daumen gebrochen und kann deshalb keine SMS mehr senden, oder »vielleicht« ist er gerade bei einem wichtigen Projekt im Ausland unterwegs, oder »vielleicht« liegt er sogar im Krankenhaus. Am besten wir rufen direkt einmal bei der Polizei an! Nein, deine vorauseilend vorgetragenen Entschuldigungen, mit denen du dir das beziehungsgestörte Verhalten eines bindungsunfähigen Kindkerls erklärst, gehören ebenso zum Prinzip Hoffnung wie die allseits gegenwärtige und immer wieder gerngehörte »Ausnahme«: Es gibt doch immer diese Cousine der Mutter einer Freundin, deren Tochter diesen einen verheirateten Mann kennt, den mit den drei Kindern. Erst wollte sie ihn nicht, aber dann hat er ihr ewige Liebe geschworen, seine Frau verlassen, und jetzt leben die beiden überglücklich zusammen, und das schon seit 22 Jahren! Die Geschichte habe ich schon oft gehört, allerdings noch nie gesehen.

Der Typ »Hausmeister« ist ein Mann, bei dem sich

die Größe seines Schlüsselbunds disproportional zu seinen Gehirnzellen verhält: geil, aber gedankenlos. Seine Sucht liegt darin, stets zu probieren, ob nicht einer der Schlüssel passt. Dieses Verhalten ist Ausdruck seines schwachen Selbst. Dabei ist es gar nicht so wichtig, die Tür auch aufzuschließen, es genügt, wenn sich der Schlüssel drehen lässt, dann ist das ewige Gefühl seiner Minderwertigkeit – jedenfalls kurzfristig – befriedigt. Dem Hausmeister zu helfen ist ungefähr so schwierig, wie einen Drogenabhängigen von der Nadel zu holen, also so gut wie unmöglich. Dennoch gibt es immer wieder unzählige »Vielleichtchen«, die sich dieser aussichtslosen Aufgabe hingeben. Man kann den Hausmeister ganz gut erkennen, ist er doch meist unglaublich eifersüchtig. Denn er glaubt, dass sein irrlichterndes Verhalten bei seinem Gegenüber ähnlich sein muss. Er kennt es ja nicht anders. Ein Psychologe würde von »Verschiebung« sprechen, nämlich des eigenen Schuldgefühls auf sein Gegenüber. Er kann es nicht ertragen, ein Täter zu sein, deswegen stilisiert er sich oftmals zum Opfer. Darum wollen wir der Realität furchtlos ins Auge blicken und festhalten: Wer sich vier Monate nicht meldet, der hat einfach gar kein Interesse. Soll der Hausmeister doch woanders kehren!

Hier ist die Geschichte meiner ersten und einzigen Scheißkerl-Erfahrung, die ich gerne mit Ihnen teilen möchte. Mein selbsternannter Bindungsphobiker

(»Du musst mir Zeit geben, ich lasse mich nicht so schnell ein«)

– lässt mich weder an sein Handy noch an seinen Computer näher als einen Meter heran (»Das sind MEINE Sachen«)

– verschwindet tagelang und bleibt unerreichbar (»Ich muss halt arbeiten«)

– ist auf einer Sex-Date-Seite als Single angemeldet, der auch gerne mal bei Paaren »dazustößt« (»Ich bin da inaktives Mitglied und habe mich noch nie mit jemandem von dort getroffen«)

– vergaß, dass er mich seiner Assistentin schon mal vorgestellt hat; selbst sie hat es vergessen (»Hier frühstücken doch ständig irgendwelche Leute«)

– legt mir hin und wieder vorsichtig nahe, dass er einem Dreier nicht ganz abgeneigt sei (»Das sind doch nur Phantasien, Schätzchen«)

– steckte mich vor kurzem mit 'ner fiesen Infektion an (»Das hatte ich bestimmt schon die ganze Zeit«)

Es ist eine Gemeinheit, dass ich zu viele Skrupel (und zu wenig Zeit) habe, um ihn mal so richtig auszuspionieren. Rhetorisch versiert, wie er ist, schafft er es immer wieder, mir meinen Verdacht auszureden und – ganz Psychogott – die Chose herumzudrehen: Plötzlich werde ich zur Angriffsfläche, zur Fremdgängerin und Männermörderin, denn »du wirst mich wegen eines anderen verlassen. Deswegen kann ich mich auch nicht auf dich einlassen.« In lichten Momenten werde ich mir der Perversität dieser Argumentation bewusst (durch eine fiktionale zukünftige Handlung stehe ich der von mir ersehnten Beziehung SELBST im Weg – meine Weigerung, mich an einen anderen Mann »ausleihen« zu lassen, wiederum ist kein Beweis für meine Treue). Dann raufe ich mir die Haare und beschließe, ihn nie wiederzusehen, denn ich bin doch jung und schön, und das ist mein Kapital, nicht wahr, Herr Koidl?

Aber ich habe in meinem Scheißkerl meinen Komplizen getroffen, wie ich bei der Lektüre Ihres Buches feststellen musste. Er spielt mir den vertrauten Sound der Kindheit vor, die ich nie für möglich gehalten hätte, weil ich es bisher nicht erlebt habe: Ich habe nicht wie Ihre Heldinnen eine Enttäuschung nach der anderen erlebt. Ich wurde geliebt, ich habe geliebt, und merkwürdigerweise habe ich auch jetzt das Gefühl, dass es so ist. Es ist bloß eine perfide, perverse Liebe.

Um einiges älter als ich, gibt es Bereiche, in denen er mir etwas voraushat: Im Sexuellen hat er mir ganze Galaxien geöffnet, indem er von mir Unterwerfung forderte. Die Striemen seines Gürtels habe ich nach unserer ersten gemeinsamen Nacht noch lange im Spiegel sehen können. Schon der Gedanke an den Gürtel – das liebste Bestrafungsinstrument meines Vaters und damals meine Schreckensvision – jagt mir heute erregte Röte ins Gesicht. Wenn ich danach in seinem Arm einschlafe und ganz klein neben ihm bin, dann bin ich so glücklich und geborgen wie seit meiner Kindheit nicht mehr. Am nächsten Morgen *kein Wort von ihm, schlechte Laune und dann über Tage eisiges Schweigen, und ich, die ich die Wand durchbrechen und zu ihm will ... Ganz der Papa.*

Dann der Schreckmoment, als ich sein Kind verlor (wir wussten noch nicht mal, dass ich schwanger war, und schon war es weg). Mir wurde der Boden unter den Füßen weggezogen, es war so wie im Comic: Die rollen den Boden einfach ein, und du strauchelst und fällst, weiß Gott wohin. Als er an diesem Abend zu mir kam, sagte er nach zehn Minuten Gefühlsbefragung: »Mach dein Maul auf, du Sch...pe«, um sich in ebendieses zu ergießen. Danach googelte er sich selbst und präsentierte mir die Ergebnisse. Nach einer Stunde war er weg, und ich weiß nicht mehr, wie ich aus diesem sehr realen Comic-Loch wieder rausgekommen bin.

Und ich bin immer noch bei ihm. Vermutlich werde ich irgendwann gehen, und dann werde ich über diese gelungene Mischung aus Sadist, Serientäter, Dr. Kimble und wie sie alle hießen (ja, er vereint sie tatsächlich alle, er ist in dieser Hinsicht einfach PERFEKT), lachen können. Und bis dahin lese ich einfach noch ein paarmal Ihr Buch – jedes Mal komme ich der Erlösung ein Stückchen näher ;-)

Der Bad Boy ist die dominante Version des Hausmeisters, der Mann mit den vielen Schlüsseln. Aber er ist viel mehr als das, denn er taugt zum Komplizen. Hochintelligent, sprachlich fit, einfühlsam und meist ein genauer Kenner der Psyche seines Gegenübers. Diese Fähigkeiten hat er entwickelt, weil ihm menschliche Gefühle, Nähe, Zutrauen, Gewissheit, Liebe und Zuneigung genaugenommen fremd sind. Er braucht das alles nicht, im Gegenteil. Sein Umfeld (auch Männer) sind erstaunt, wie sehr sich dieser Mann »selbst genügt«, seine Unabhängigkeit wird ebenso bewundert wie seine verbale Stärke und seine Erfolge im Beruf. In Kombination mit einer Lust an S/M oder dominant-devoten Spielchen ist er trotz oder gerade wegen seiner Ambivalenz in der Lage, eine Spannung aufzubauen, für die man in der französischen Sprache ein klingendes Synonym kennt: *Complicité*. Eben dieses Komplizenhafte macht die Sache so aufregend, sind doch vor allem junge Frauen der Meinung, außer ihnen selbst könne niemand das Gefühl nachvollziehen, dass ein kalter Gürtel auf dem Po höchste Erregung auslöst. So werden Scham und Unsicherheit in Kombination mit der Sehnsucht nach diesem vermeintlich einzig verständigen Mann, dem Entdecker der Lust, dem »Öffner von Galaxien«, zu einem starken und oft lange währenden Band.

Mir sind Paare bekannt, deren Beziehung viele Verbindungen überdauerte, sogar während Ehen mit anderen Bestand hatte und Scheidungen überlebte. Die beiden sind eigentlich das Paar ihres Lebens, doch könnten sie es zusammen nicht aushalten. Denn er sucht die Distanz, und sie eine Nähe, die er nicht geben kann. Eine perfekte sexuelle Verbindung, aber in ihren Extremen keine gute Ehe oder Partnerschaft.

I tell myself to give you alibis
Knowing the promise you'll never keep
(Alison Moyet, Invisible)

Mangelmänner und ihre Frauen

King Koitus und seine Objekte

»So!«, rief Roberts Mutter und hielt die Arme über den Kopf wie ein Yogameister beim Einbeinigen Schwan. »Soo!« Am Beckenrand des Lebens versuchte Erika, ihrem zehnjährigen Sohn den Kopfsprung beizubringen. »So, herrje!«

Robert hielt inne. Leicht aufgewühlt spiegelte er sich in der Oberfläche des Wassers. Dann ein Sprung, die Brust brannte, der Stolz auch. Seine Mutter hatte ihm das Kopfspringen beigebracht. Nebensächlich, dass es sich dabei um eine Fähigkeit handelt, die sie selbst nie erlernt hat.

Irgendwie zieht sich alles durch das Leben, dachte Robert. Erlebnisse, Begegnungen, Begebenheiten sind wie Hinweistafeln am Wegesrand. Vorverweise auf die eigene Geschichte. Manchmal sind es auch nur Sätze oder Worte. Auf Plakaten, Leuchtschriften oder Lastern. Auf der Autobahn sah er unlängst den Lkw einer Spedition namens Niederlage, das hat ihn zehn Tage lang verfolgt.

Der Meister des magischen Denkens war früher ein glücklicher Macho. Dunkler Porsche, natürlich nicht abgeregelt, modernes Penthouse in Hamburg, Möbel aus schwarzem Leder mit Chrom, selbstredend Namen, die man kennt. Es ist schwer, jemandem mangelnden Geschmack nachzusagen, wenn er sich mit den großen Klassikern des Designs umgibt. Das waren herrliche Zeiten: Inhaber einer erfolgreichen Werbeagentur, die ganzen Models, Partys, und wenn nichts lief, in der Mars-Bar fand sich immer ein williges Opfer für die Nacht. Aber die Dinge haben sich irgendwie verändert. Die Weiber wollen heute was anderes, was Tiefergehendes, was mit Sinn und Seele und so.

Früher kaschierte Robert seinen Mangel an Geschmack, heute versteckt er seine mangelnde Emotionalität. Und zwar hinter seinen neuerworbenen Fähigkeiten als Hobbykoch. Das hat zwei Gründe: Erstens muss er sich mit seinen Gästen nicht über langweiligen Quark unterhalten, was ihn genaugenommen ankotzt.

Und zweitens dient es seiner Profilierung für die Rolle des fürsorglichen Ehemanns moderner Prägung.

Überhaupt, Essen und Lebensmittel sind jetzt das Topic schlechthin für Robert. Er hat sich einen Bart wachsen lassen wie die Berliner Hipster, trägt eine Hornbrille mit Glasbausteinen und hat die Haare hinten zum Zopf zusammengebunden. Er hält Frauen nicht mehr die Tür auf, gezahlt wird halbe-halbe, und die tägliche Körperhygiene findet er neuerdings überschätzt, denn »frisches Wasser ist doch die Zukunft unserer Erde«. Seine Worte sind salbungsvoll, die Stimme betont ruhig und eindringlich. Robert ist jetzt ein Guru, ein Erleuchteter.

Nach der Insolvenz seiner Werbeagentur in den Crashjahren 2008/2009 hat er dem kapitalistischen System abgeschworen. Robert gehört jetzt zum PACK, heißt postanaloger Computerkerl, einer, der die Krise überlebt hat. PACK will nicht irgendwas, die wollen etwas Bestimmtes. Besser, die wissen nicht nur, was sie wollen, sondern wollen auch noch wissen, wo das Zeug herkommt! Am liebsten regional. Regional ist gut. Regional ist das neue Bio, sagt Robert dann gern, und die Jünger an der Tafel des Herrn wackeln wie Dackel auf der Hutablage eines Opel Kapitän.

PACK vertraut Experten, Spezialisten einer Nische. Wie der Typ, der neulich in einer TV-Kochshow sagte: »Ich bin der beste Paläo-Koch in Deutschland.« Der was? Ach so, kochen wie in der Steinzeit. Tolle Idee. Beeren, Nüsse, Wurzeln. Ein Diättrend. Der »Hirnnebel lichtete sich, und auf einmal sah ich die ganze Welt viel klarer als zuvor«, berichtete der körperlich Reduzierte. Ein Supermarkt hat sich schon mal vorauseilend über den Möhrenkonsum im Paläolithikum kundig gemacht – einfach supergeil.

Irgendwie ist die Welt neuerdings so fürchterlich intolerant geworden: Wir sprechen von Gluten, Laktose und Fleisch. Vor allem aber ist es ein weltweites Big Business geworden, dem Big Business zu misstrauen. Kurzum, das PACK ist gesundheitsbewusst und gibt das Geld mit vollen Händen aus. Man muss Roberts Selbstinszenierung als geniale Mischung aus Aufwandsminimierung und gleichzeitiger Selbstdarstellungsoptimierung begreifen. Warum echte Gefühle zeigen, wenn das Gegenüber auch mit einem emotionalen Substrat befriedigt werden kann? Eben.

Zu Gefühlen hat Robert ein rationales Verhältnis. Sie sind bares Geld wert. Denn Roberts Beruf ist jetzt Paartherapeut. Er sagt den Leuten, wie es in ihrer Beziehung laufen sollte. Kriegsgespräche am Küchentisch, Waffenstillstand im Bett, Robert ist mittendrin in den Kampfgebieten unserer geschlechtsreifen Tage.

»Bleib doch noch ein wenig, du heulst gerade so schön«, ist Roberts Unternehmenscredo, sozusagen sein »Mission Statement«, wie es der ehemalige Werbeagenturchef früher genannt hätte. Bezahlte Stunde um Stunde weinen sich die schönsten Frauen auf seinem Sofa aus. Und wenn sie sich genesen fühlen, drückt er die roten Knöpfe, um sie noch ein paar weitere Stunden zu melken. Wenn sie sich dann vermeintlich gefangen haben, kocht er ihnen was Schönes. Die meisten bleiben dann gern über Nacht. Robert sieht sich als Serientröster, seine Kumpels sehen in ihm einen professionellen Frauenversteher. Ein Prädikat aus Hochachtung und blankem Neid. Denn Robert räumt ab.

Dabei hat sich die Wandlung des mittelalten Medien-Mackers ziemlich lange hingezogen. Wobei Wandlung nicht Veränderung bedeutet, aber dazu später mehr. Denn Robert wurde dazu genötigt zu erkennen, dass die Dinge so nicht mehr für ihn liefen. Irgendwie war er als Berufsjugendlicher mit 48 Jahren, Sneakers und Kapuzenpulli den zwanzigjährigen Praktikantinnen seiner Agentur doch zu alt geworden. Die Erkenntnis hatte allerdings nicht er selbst, sondern die Praktikantin. Irgendwann offenbarte sie sich seiner festen Freundin Hannah als Daueraffäre, nachdem Robert versehentlich »Bin gleich mit Pizza da, Baby« an die falsche Handynummer gesendet hatte. Der gleichen Adresse, der er eine Minute zuvor gesimst hatte: »Muss noch im Büro an einer Präsentation arbeiten.« Hannah wollte sich das genauer ansehen, fuhr in die Agentur und fand dort auf dem Tisch weder Pizza noch Präsentation, dafür aber die Praktikantin.

Von da an ging es bergab, Robert war wieder einmal an sich selbst gescheitert. Agentur pleite, Hund gestorben, und als ihn auch noch Hannah verlässt, fällt ihm erstmals auf, dass es sich hier um das Muster seines Lebens handeln muss. Hannah, die ihm ergeben war –

für Außenstehende in geradezu unerträglich devoter Weise –, hatte er in einem Wutanfall in die Wüste geschickt, was niemand verstand, denn schließlich hatte er sie betrogen und nicht umgekehrt. Dennoch, es fühlte sich für ihn wieder einmal so an, als wäre sie diejenige, die ihn verlassen hat. Das Gefühl der Illoyalität brannte einfach irre irrational, soll heißen, die Relais seiner verschobenen Realität haben wieder einmal schneller geschaltet als sein Verstand.

Verletzen, wegschicken, zurückholen, erst wenn die gespendete Liebe nicht mehr verfügbar ist, kann Robert lieben, weil er sich im Grunde seines Herzens nicht für liebenswert hält. Sein Problem: Er weiß davon nichts. Seine Angst: sich einzulassen, Nähe aufzubauen. Hinzu kommt das Problem des Älterwerdens. Die Vorstellung, irgendwann einmal alt zu sein oder gar zu sterben, kann Robert gar nicht ertragen.

Robert führt den Kampf der Lebensmitte, mit Ende vierzig sieht er sich zum ersten Mal genötigt, sich den Fragen des Lebens zu stellen. Zum Beispiel, was muss ich tun, um Liebe zu bekommen? Mit dieser Frage hatte er sich bisher nicht auseinandergesetzt. Denn Liebe kam ja immer wie Wasser aus dem Hahn. Zuerst von seiner Mutter, die zwar etwas abwesend und ihm wenig emotional zugewandt, aber dennoch fürsorglich und wohlmeinend war, später dann von seinen zahlreichen Freundinnen und Affären. Den ersten Sex hatte er, als Gleichaltrige noch brav mit dem Turnbeutel in die Schule gingen. Irgendeine Frau war eigentlich immer da, manchmal gab es auch zwei oder drei gleichzeitig. Wozu sich bemühen, lief doch. Außerdem war es Robert immer ganz recht, wenn die Damen dann auch bald wieder gingen. Zu viel Nähe fand er unerträglich, der Wunsch nach Kuscheln vor oder nach dem Sex war ihm ein Graus.

Nach der Trennung von Hannah gab es aber erst einmal praktische Probleme: Es gab zu wenig zu essen zu Hause. Ein Yuppie-Leben in Dekonstruktion. Kurzentschlossen reiste er nach Italien, um dort einen Kochkurs zu absolvieren. Raus aus Hamburg, weg von Hannah, vor deren Wohnungstür er nachts in Eppendorf herumgelungert hatte. Auf einmal vermisste er sie, unerklärlich. Wie ein Süchtiger saß er da auf einer kleinen Mauer und wartete, ob in ihrer Wohnung das Licht anging. Einer Wohnung, auf deren Anmietung er vor Jahren bestanden hatte. Sie wäre wohl gern bei ihm eingezogen, aber das war ihm gar nicht recht. Zum einen, weil dann seine Freiheiten doch erheblich eingeschränkt gewesen wären, zum anderen, weil er es hasste, wenn sie morgens so laut ihr Brötchen schmatzte. Schrecklich.

Gewundert hat es ihn schon, wie man abends so geil aussehen konnte, mit diesem Minirock und den Overknee-Stiefeln, so dass sie es gar nicht bis ins Bett schafften, und am nächsten Morgen so unappetitlich frühstückte. Am liebsten hätte er sie abends nach dem Sex direkt vor die Tür gesetzt, doch da machte selbst die devote Hannah nicht mit. Jetzt war sein elegantes Penthouse weg, sie auch, und es brannte. Verdammt, jetzt brannte es in ihm, obwohl er sie sicherlich mehr als fünfzigmal betrogen hatte. Immer das Gleiche: Wenn die Mädels wollten, interessierten sie ihn nicht, mehr noch, waren sie ihm lästig. Waren sie aber weg, brannte es wie Feuer.

Nicht wissend, wie es weitergehen sollte, entschied er sich für die italienische Kleinstadt Piacenza am Po, weil er fand, sein Leben sei im Arsch. Im Gepäck das *little red book*, das rote Büchlein, in dem Männer ihre Amouren aufschreiben, kommentieren und sortieren, um diese einer geordneten Reaktivierung zuführen zu können. Männer lieben es, ihre »Erfolge« zu notieren, zu strukturieren und zu skalieren, gibt es doch dem Gefährlichsten in ihrem Leben scheinbare Sicherheit: der Liebe.

Auf dem Weg durch Deutschland, in den Süden, versuchte Robert, die verflossenen Herzen seines reiseintensiven Lebens als Werbeagenturinhaber wiederzubeleben. Er wollte sie alle noch mal treffen, die Deppenmagneten und Kühlschränke, die Krankenschwestern, Geldautomaten und gelangweilten, verheirateten Schampus-Schlampen. Eine komprimierte Revue seines bisherigen Geschlechtserlebens. Außerdem war die Kohle knapp und für Hotels kein Geld da, jedenfalls nicht für solche Herbergen, in denen Robert früher abzusteigen pflegte. Dann lieber Libido.

Der Weg in den Süden war Roberts Jakobsweg, ein Weg zu sich selbst. Also, so wirklich verändert hat er sich auf diesem Weg natürlich nicht, dazu findet er sich viel zu perfekt. Aber er hat sich neu erfunden! Als Marketingfachmann war ihm klar, dass man ein Produkt gelegentlich einem Relaunch unterziehen muss. Dass er sich dabei selbst zum Produkt machte, störte ihn wenig, funktioniert doch! Er sagte sogar einmal über sich, er sehe sich als Dienstleister, als eine Art Sex-Worker in eigener Sache. Dass es Robert an einer Verbindung zu sich selbst mangelt, war ihm ebenso wenig bewusst wie die Tatsache, dass Selbstakzeptanz eine notwendige Grundlage dafür ist, um echte Beziehungen, also eine Verbindung zu anderen, aufzunehmen. Ihm genügte es, wenn sich eine kurzfristige Affäre in ihm bespiegelte. Dabei ging es ihm nie um die Frau, die in seinem Bett lag, sondern ausschließlich um die Frage, wie er selbst beim Sex aussah.

Männer wie Robert sind in der Regel süchtig danach, den Sex zu filmen, Tausende von Fotos zu machen und diese auch noch online zu posten. Sie haben mindestens einen Spiegel über dem Bett hängen. Darin schauen sie sich nicht die Frau an, die auf ihnen reitet, sondern sich selbst.

In jüngeren Jahren machte Robert unter dem Pseudonym King Koitus im Internet Karriere, bewegte sich auf Seitensprung- und Sex-Dating-Seiten wie MyDirtyHobby, Joyclub oder AdultFriendFinder. Sein ungeheuerliches Wissen teilte er gern auf Online-Blogs mit sogenannten »Betas«, also mit Kerlen, die leider vollkommen erfolglos bei Frauen sind und sich von »Alphas« wie ihm Ratschläge erhoffen. Die Typen waren ihm egal, aber neben Frauen im Bett ließ er sich gern immer wieder im Internet von ein paar Losern bespiegeln. Hauptsache, irgendeiner findet einen gerade wieder toll. In den Foren verriet er aber – voll clever! – nur jene Anmachsprüche, die überall zu finden sind. Zum Beispiel den Bar-Aufreißer: »Hey, mein Freund da drüben und ich sprechen gerade darüber, was besser ist: Zahnbürste oder Zahnseide. Was meinst du?« Wo kämen wir denn hin, wenn ein Werbeagenturchef seine besten Sprüche kostenlos verteilte?

Und so ging Roberts tatsächliche Erfolgsmasche: Das Objekt der Begierde sitzt mit Freunden an der Bar, Robert richtet sich nach einem ersten Blickkontakt auf, marschiert selbstbewusst wie kein Zweiter an den Tresen und sagt mit betonter Zurückhaltung und leisen, aber kräftigen Worten: »Dürfte ich Sie höflich auf eine Kleinigkeit aufmerksam machen?«

Die Schöne, schon ganz irritiert, weil Frauen ja grundsätzlich meinen, da hängt jetzt irgendwo eine Nudel im Gesicht wie bei Loriot, schaut dann in der Regel erschreckt auf und fragt voller Furcht: »Ja, bitte, auf was?«

Woraufhin Robert mit keckem Lächeln zu antworten pflegt: »Auf mich!« Erlösendes Lachen und ein prima Kaltstart in ein Gespräch.

Allerdings kann man diese Spielchen machen, wenn man zwanzig oder dreißig ist, aber wer jenseits der 35 noch mit solchen Mätzchen durch Bars tigert, der erntet kein Schmunzeln, sondern Häme. Und so verlegte sich Robert auf eine legendäre Präsenz im Internet. Seinen größten Erfolg feierte er mit einem befreundeten Junior-Professor der Universität Leipzig unter dem Pseudonym »Two Gentlemen«. Sinn des Profils war es, sich als Akademiker zu erkennen zu geben, im Smoking und mit einem ausgesucht höflichen Text. Man will ja schließlich Ängste abbauen und Vertrauen wecken. Hunderte von Zuschriften erreichten die beiden Herren, wo selbst gutaussehende Männer nur ein paar Zuschriften in der Woche erhalten. Man könnte auch sagen, die beiden hatten eine Marktlücke entdeckt: ganz normale Frauen, die sich einmal den feuchten Traum eines Dreiers mit zwei Männern gönnen wollten. Der eigene Kerl will zwar auch gern einen Dreier, aber eben nur mit zwei Frauen. Bei zwei Männern zieht er lieber den Schwanz ein. Diese Luschen, alles Betas! Dabei waren Robert und der Professor keineswegs schwul, sie hatten nur keinerlei Berührungsängste. Alles Weitere überlasse ich an dieser Stelle Ihrer Phantasie.

Das Internet ist ein Dorf, und irgendwann trafen Menschen zufällig in der realen Welt aufeinander, die sich die eine oder andere Geschichte über Robert zu erzählen wussten. So war es an der Zeit, die Masche wieder einmal zu ändern. Außerdem war da ja noch Hannah, die von alldem nichts wusste. Schlimmer noch, sie sagte den Kernsatz aller betrogenen Frauen: »Für meinen Mann würde ich die Hand ins Feuer legen.« Übrigens ein Satz, den mehr als neunzig Prozent aller Frauen sagen, wenn ich sie in Interviews zur Treue ihrer Partner befrage. Allerdings kenne ich keinen einzigen treuen Mann. Da kann rein statistisch betrachtet also irgendetwas nicht stimmen. Fragt man Männer, drucksen sie erst etwas herum und sagen dann den zentralen Männersatz: »Ach komm, du weißt doch, wie es ist.« Treue, so scheint mir, ist vor allem eine Frage mangelnder Gelegenheiten.

Allen anderen wird derweil mit Prostitution gedient. Hunderttausende Männer nehmen sie jede Woche in Deutschland in Anspruch. Erstaunlich, dass die meisten Ehefrauen der festen Überzeugung sind: »Meiner nicht!« Eine gute Gelegenheit, einmal auf die menschenunwürdigen Bedingungen in der Zwangsprostitution und das Thema Menschenhandel hinzuweisen. Eine Züricher Staatsanwältin des Fachbereichs »Organisierte Kriminalität« sagte mir, dass sie Probleme habe, durch die Straßen zu gehen, wissend, was hinter den Gardinen diesbezüglich alles so vor sich geht. Dass es eine selbstbestimmte Form des Verkaufs des eigenen Körpers gibt, will ich nicht bestreiten, aber das Problem Menschenhandel muss an dieser Stelle Erwähnung finden. Es ist eine Herausforderung, der sich unsere Gesellschaft zu stellen hat. Die deutschen Trauma-Therapeuten haben dies in dem Appell »Stopp Sex-Kauf« zum Ausdruck gebracht. »Prostitution hat ihre Wurzeln in der Gewalt, die Kindern angetan wird. Und die Gesellschaft darf diese Gewalt nicht ausblenden oder verleugnen«, fordert Susanne Leutner, Vizepräsidentin des Trauma-TherapeutInnen-Verbandes EMDRIA.

Robert war diesbezüglich als Selbstversorger unterwegs, die Geschäfte liefen sozusagen. Allerdings nagte auch an Robert der Zahn der Zeit und brachte etwas in ihm hervor, was er durch die zahlreichen Affären, Liebschaften und One-Night-Stands jahrelang bestens hatte verleugnen können: seine Unsicherheit. Und so fand Robert mit Anfang vierzig zu einer neuen Masche: Er wurde selbst ein Guru. Denn mit Unsicherheit kannte er sich schließlich aus, identifizierte diese mit messerscharfem Instinkt, genährt aus eigenen Defiziten. Statt wie mit Ende zwanzig attraktiven Frauen Frechheiten zu sagen, um sie herabzuwürdigen und sich über sie zu stellen – z. B. mit dem »Push and pull«-Klassiker »Auf so große Füße stehe ich ja gar nicht«, der erstaunlicherweise besser funktioniert, als man meinen sollte –, wurde seine Masche nun ausgereifter, damit aber auch perfider. Denn er inszenierte sich jetzt als Heiler, als Helfer, als jemanden, dem man vertrauen kann. Die Motive jedoch blieben die gleichen.

Anders gesagt, früher verkaufte Robert sich selbst, heute verkauft er eine Ideologie. Konsequente Weiterentwicklung der Produktpalette eines Mannes, der sich selbst, sein Leben und sein Umfeld als leer empfindet. Es kann noch so viele Erfolge bei Frauen regnen, die Beantwortung, die Zustimmung, die Bewunderung, sie rinnt in eine Tonne ohne Boden. Es ist eben gerade dieser Boden, der Robert seit seiner Kindheit fehlt.

Man kann die Schuld für eigene Fehler und Defizite nicht ewig auf seine Eltern schieben, sondern muss irgendwann mal Verantwortung für sein Leben übernehmen. Dennoch hat vieles in der Entwicklung mit Prägungen in der Kindheit zu tun. Die Tatsache, dass Robert wenig Empathie zeigen kann, körperliche Nähe nur akzeptiert, wenn er anschließend wieder allein ist, und Kuscheln, Intimität sowie Fürsorge nur schlecht erträgt, hängt mit den Erfahrungen zusammen, die er als Kind mit seiner Mutter gemacht hat.

Diesen Mann können Sie nicht bekehren, nicht verändern, nicht heilen. Denn der Sound seiner Kindheit ist schlichtweg ein anderer. Die Codes und Symbole, die Sie möglicherweise selbst erfahren haben – zum Beispiel ein Käsebrot und einen Tee zum Trost –, müssen ihm nicht notwendigerweise als Zeichen der Fürsorge dienen, sondern können eben nur Nahrungsaufnahme bedeuten. Die Folge: Sie hat sich bemüht, etwas gegeben, Zuneigung gezeigt und empfindet durch ihn Ablehnung und Kälte, denn er hat gerade gar keine Lust auf Tee. So war es von ihm gar nicht gemeint, aber es kommt bei ihr so an.

Nun ist es so, dass Männer wie Robert magisch Frauen anziehen, die gern dienen, helfen, unterstützen. Schlimmer noch: Frauen, die glauben, sie allein seien dazu auserkoren, einen mittlerweile über vierzigjährigen »Jungen« zu heilen. So wie Hannah, seine Freundin, eine ruhige, zurückhaltend-hilfsbereite »Dienerin« mit leicht melancholischen Zügen. Es ist ein Phänomen, dass die leicht unterwürfige Persönlichkeit oftmals den hysterischen Aufschneider liebt und umgekehrt.

Im fünften Kapitel dieses Buches wird es darum gehen, warum dem so ist und wie Sie diese Typen erkennen, vor allem aber auch, welcher Typ Sie selbst sind. Denn es gibt wiederkehrende Muster, sprich: Charaktereigenschaften, die magische Anziehungskraft auf uns ausüben. Das liegt vor allem in uns selbst begründet. Erst wenn wir verstehen, welche »Persona« wir selbst darstellen, gelingt es uns, dieses immer wiederkehrende Muster zu durchbrechen.

Doktor Nö und die Krankenschwester

»Das ist im Unwesentlichen richtig und im Wesentlichen falsch!«, sagte er in herablassendem Ton. Es war eine typische Richard-Antwort auf Claras wütende Aussage: »Du wirst deine Frau niemals verlassen.« Richard ist Chefarzt in einem Krankenhaus am Chiemsee und Clara seit sieben Jahren seine Geliebte. Wenn er in der gemeinsamen Beziehung nicht weiterwusste, sprach er mit ihr wie mit einer Angestellten, und wenn es noch schlimmer kam, wie mit einer Patientin. Jetzt war es schlimm. Richard war zwar ein angesehener Chirurg, geachtet und geschätzt, Mitglied im Rotary Club und Vorsitzender des Städtischen Kunstvereins, Gefühle überforderten ihn jedoch. Genauer gesagt, hatte er Panik, dass Clara jetzt gleich weinen und die Dinge wieder »irgendwie« emotional werden würden. Er hasst es, wenn die Dinge emotional werden. »Warum kann man Situationen nicht lösen wie unter erwachsenen Menschen?«, fragte er dann stets. Ganz so, als ob er einen entzündeten Blinddarm vor sich hätte und nun mit erhobenen Händen nach dem OP-Besteck fragte. Handschuhe!

Jetzt also war der Abschied gekommen, Clara hatte ihre wenigen Sachen gepackt und endlich einen

Schlussstrich gezogen. Richard fand, der kleine Renault Clio sei überladen, und prüfte den Reifendruck. Sie dachte, der hat sie nicht mehr alle, gleich holt er noch sein Stethoskop raus.

Kennengelernt haben sich Clara, die heute Mitte dreißig ist, und Richard im Krankenhaus. Er war damals noch Oberarzt, sie Stationsschwester. Eine gutaussehende, junge, attraktive und vor allem aktive Frau, der es Freude macht, den Menschen zu helfen, nicht nur auf Station, sondern auch in der Kirchengemeinde und beim jährlichen Stadtfest, auf dem für Bedürftige gesammelt wird. Ja, sie kennt alle Klischees über den Arzt und die Krankenschwester, die Götter in Weiß, die Phantasien, was im Schwesternzimmer nachts so vor sich geht. »Alles Quatsch«, pflegt Clara dann zu sagen. Aber in einem Punkt musste sie den Kritikern ihrer Beziehung, insbesondere jenen aus ihrer Familie, recht geben: Es war ein Fehler, sich mit einem verheirateten Mann einzulassen, der zwei Kinder hat und dessen Leben so vorbestimmt, so gefestigt, so sicher erscheint. Vielleicht hat sie das alles auch ein wenig beneidet, so wie man einfach diesen großen und beeindruckend selbstsicheren Mann mit seinen leicht grauen Schläfen bewundern musste. Clara ist klar, dass das alles wie in einem Film klingt. Sie schämt sich, wenn sie davon erzählt, weil es ja eigentlich so ist, wie man es schon oft gehört und gelesen hat, dass es eben gerade eine Falle sei, in die Frauen oft tappen. Aber es hatte sich einfach zu gut, zu passend, zu richtig angefühlt, als sie sich vor sieben Jahren das erste Mal trafen. Es war ein Rausch.

Von da an wurde sie seine Geliebte. Wobei sie sich selbst nie so sah. Eigentlich gab er ihr immer das Gefühl, die Nummer eins zu sein. Allerdings war das ein Trugschluss, denn er verbrachte deutlich mehr Zeit mit seiner Frau und den Kindern als mit ihr. In den Anfangsjahren kam er oft auf Station oder legte die Einsatzpläne so, dass sie die 72-Stunden-Dienste gemeinsam verbrachten, was in den Nächten schön und aufregend war. Das Krankenhaus war ihr Revier, da hatte seine Ehefrau nichts zu suchen. Fast so etwas wie ein gemeinsames Zuhause.

Nach einem Jahr nahm er sie das erste Mal mit zu einem Ärztekongress nach Berlin. Während er einen Vortrag hielt, saß sie voller Bewunderung in der letzten Reihe. Da kam ihr schon einmal der Gedanke, dass sie sich wohl damit abfinden müsse, einen so tollen Mann nicht für sich allein haben zu können. Wer war sie denn, diesen Anspruch erheben zu können?

Die Jahre vergingen, und sie vergingen mit Warten. Warten, dass er anruft, eine SMS sendet, oder den Tag ersehnend, der nach Wochen endlich wieder ein wenig Gemeinsamkeit versprach. So wurde aus Clara eine Frau in der Warteschleife. Manchmal saß sie einfach stundenlang in ihrer Wohnung, um keinen Anruf von ihm zu verpassen. Glücksmomente, wenn er auf eine der vielen Mails, Gedichte und zugesteckten kleinen Nachrichten tatsächlich einmal kurz antwortete, totaler Absturz, wenn er ein vereinbartes Treffen in letzter Sekunde per SMS absagte. Meistens war dann wieder irgendetwas mit seiner Frau oder den Kindern.

Clara vernachlässigte Freunde und Bekannte, war kaum auf Reisen, weil er ja kurzfristig Zeit haben könnte, das wollte sie nicht riskieren. So bemerkte sie gar nicht, dass sie sich dem Terminkalender, den Bedürfnissen und der familiären Planung eines Mannes unterordnete, der von Clara etwas bekam, was er zu Hause nicht haben wollte oder nicht haben konnte. So ganz hat sie nie herausgefunden, wie es bei Richard und seiner Frau lief. Clara jedenfalls bot »es« ihm: heißen Sex. Genaugenommen, war es ziemlich unanständiger Sex, womit Clara noch nie ein Problem hatte. Im Gegenteil: Es macht sie glücklich, wenn sie ihren Partner zufriedenstellen kann, ihn im eigentlichen Sinne befriedigt. Dieses Ziel steht so stark im Vordergrund, dass es ihr selbst gar nicht so wichtig ist, ob sie einen Orgasmus hat oder Lust empfindet. In ihrem Bücherregal finden sich Bücher wie *Die Kunst, den Mann fürs Leben zu finden*, *Die perfekte Liebhaberin* oder ein Ratgeber, der erklärt, wie man richtig bläst, mit Abbildungen, auf denen ganz viele Pfeile und interessante Drehmomente zu sehen sind. Ich dachte erst, dieses Buch sei eine Satire, und musste lachen. Clara meinte es aber ganz ernst, und so war der Ratgeber wohl auch gemeint.

Es ist nicht so, dass Richard ohne Gefühle wäre, er kann sie nur nicht so gut ausdrücken. Emotionen machen ihm Angst, vielleicht hat er deshalb den Beruf des

Arztes gewählt. Man muss einen kühlen Kopf behalten, darf sich nicht von den dramatischen Schicksalen und Krankheitsgeschichten der Patienten vereinnahmen lassen. Außerdem ist er ein brillanter Analytiker, einer, den die Kollegen um Rat fragen. Ein bisschen so wie Dr. House aus der amerikanischen TV-Serie. Natürlich nicht ganz so ungehobelt, aber Clara fand, seine abweisende Haltung gegenüber Menschen wäre gar nicht so schlecht getroffen.

Einmal hatte sie ihm das gesagt, in einem Moment der Enttäuschung. Er war wieder einmal nicht zu ihrem Mittwochabendtreffen gekommen. Mittwoch war nämlich »ihr« Tag. Mittwochs ging Richard mit dem Leiter der Krankenhausapotheke zum Squash-Spielen. Das wusste seine Frau Inge, sie fragte nach Jahren nicht mehr nach, wenn Richard morgens mit einer Sporttasche das gemeinsame Haus verließ, weil er, wie sie dachte, mit seinem Audi RS 6 abends direkt von der Klinik aus zum Sportzentrum brauste. Dabei fand sich zwischen dem Dienst und den Gummibällen Zeit für einen Besuch in Claras kleiner Zweizimmerwohnung. Sie machte dann gern einen Salat, und manchmal tranken sie ein Fläschchen Pikkolo, das er von der Tankstelle mitbrachte. Sie fand das angesichts seiner finanziellen Möglichkeiten nicht gerade berauschend, aber das Glück, ihn für diese Momente bei sich zu haben, überwog einfach alles.

Die Sporttasche hatte natürlich eine doppelte Funktion. Zum einen befanden sich seine Sportsachen darin, darunter sein eigenes Duschgel, das er nach dem Sex mit ihr benutzte. Das war wichtig, ein anderer Duft wäre seiner Frau sicherlich aufgefallen. Zum anderen war in der Tasche noch Kleidung zum Wechseln, »falls mal etwas danebengeht«. So hatte er grundsätzlich ein gestärktes weißes Hemd, frisch von der Reinigung, dabei. Es war noch in Folie verpackt, so hätte er, wenn nötig, das saubere Hemd verwenden können. Richard dachte dabei weniger an Sperma, mehr an Salatsoße oder Ähnliches. Er wollte jedenfalls vorbereitet sein. Zu diesen »Sicherheitsmaßnahmen« gehörte auch der Hair-Check. Dabei musste ihm Clara, bevor er ihre Wohnung verließ, durch die wohlgeordneten Haare strubbeln, um sicherzugehen, dass sich keine ihrer langen blonden Strähnen bei ihm verfangen hatte.

Einsamkeit hat viele Gesichter, Clara kennt sie alle. Die grauen Sonntagnachmittage, die verregneten Wochenenden in ihrer kleinen Wohnung, die Wochenendeinkäufe bei Penny. Penny war schlimm. Am schlimmsten war der Parkplatz. Dort nämlich konnte man am Samstagnachmittag Familien und Paare sehen, die gemeinsam einkauften, ganz gewöhnliche Dinge zusammen taten und dabei unheimlich glücklich aussahen. Überhaupt gab es Tage, da sah Clara überall nur Paare und Familien. Sie fühlte sich dann, als wäre sie keinen Penny wert.

Irgendwann kam dann Richard mit dieser kleinen Katze an, Floh. Ein süßes Wollknäuel, in das sie sich sofort verliebte. Es machte sie wütend, dass dann bei ihren Bekannten immer sofort das Wort vom »Kinder-ersatz« fiel. Wobei, so ganz falsch war das ja nicht. Blickt sie heute zurück, war es eigentlich ein ganz geschickter Schachzug von Richard, diesem alten Strategen. Die Katze sollte den Druck aus ihrer Beziehung nehmen, den er als unerträglich empfand. Denn nach drei Jahren ihrer Beziehung, als Clara so um die dreißig war, begann sie ihn mit dem Thema Kinder und Ehe zu nerven. Er wollte auf den Sex mit ihr nicht verzichten, aber eine neue Familie gründen, das wollte er auch nicht. Richard hat zwei Kinder, die Familienplanung ist für ihn abgeschlossen, und wenn er ganz ehrlich gewesen wäre, hätte er auch sagen müssen, dass »eine wie Clara« dafür überhaupt nicht in Frage gekommen wäre.

Das war mit Inge, seiner Ehefrau, etwas ganz anderes. Sie war aus gutem Elternhaus, hatte eine gewisse Eleganz, mit ihr konnte er auftreten, sich sehen lassen. Bei Clara hingegen war es eher Liebe auf den ersten Fick. Er hatte sich sozusagen zwei Welten geschaffen, die eine, in der er ein »intaktes Familienleben« inszenierte mit einer Frau, die ihn sexuell wenig reizte, die aber die Mutter seiner Kinder war und die er gegen alles auf dieser Welt verteidigen würde. Und Clara, seine Lust, die Offenbarung, eine Dimension, die er bis dahin gar nicht kennengelernt hatte, die ihm etwas bot, was er aber insgeheim als »schmutzig« empfand. Jedenfalls hätte er Clara niemals seinen Fachkollegen vorgestellt. Als er sie damals zu dem Kongress in Berlin mitgenommen hatte, reiste sie mit dem Zug aus München an, während er das Flugzeug nahm. Im Ritz Carlton hatte er sich zwei Zimmerkarten ausstellen lassen, eine davon beim Concierge deponiert. Mark, dessen zwei Schlüssel am Revers unter anderem für absolute Verschwiegenheit stehen, war klar, was zu tun ist. Als Clara kam, erhielt sie die zweite Schlüsselkarte und wartete im Zimmer auf ihn. Eigentlich hat sie von Berlin gar nichts gesehen, weil sie nicht wusste, wann er zurückkommen würde. Dass sie später, bei seinem Vortrag, in der letzten Reihe saß, hatte sie ihm nie gesagt. Die Eintrittskarte besorgte sie sich, indem sie den jungen Frauen am Empfang des Kongresszentrums sagte, sie sei seine Assistentin und habe die Folien für den Vortrag dabei, die er vergessen habe. Nach seinem Auftritt ging sie direkt zurück ins Hotelzimmer und hat getan, was sie die letzten sieben Jahre schon getan hat, sie hat gewartet.

»Eine Perlenkette aus Sternstunden« nennt die österreichische Paarpsychologin Prof. Dr. Gerti Senger diesen Effekt, der vor allem zu Beginn einer solchen »Schattenliebe« die Nachteile dieser Beziehungsform vollständig ausblendet. Meistens ist die Fixierung der Frauen auf ihren Partner so stark, dass auch Freunde und Familie, also das Umfeld der Betroffenen, keine Chance haben, sie mit rationalen Argumenten zu erreichen. Im Gegenteil, wer sich einmischt, wird in der Regel »verbannt«. Eine Katastrophe, denn die ohnedies von Einsamkeit bedrohten Geliebten isolieren sich immer weiter und begeben sich in die Abhängigkeit eines Mannes, der sie sodann nach Belieben für seine Bedürfnisse einsetzen kann.

Dabei geht es keineswegs nur um Sex. Die Geliebte des verheirateten Mannes ist so etwas wie ein kombinierter Geldautomat-Kühlschrank-Seelentröster mit Vagina. Bevor die Gender-Truppe auf den Plan tritt: Ja, es sind in der Regel Frauen, die als Dienerin eines verheirateten Mannes ihr Leben wegwerfen und sich ihm vollkommen unterordnen, bis er sie »aussortiert«, weil die Jugend seines Objektes verblasst ist. Dann braucht er sie nicht mehr, denn das Verblasste, Verwelkte, das hat er schon bei seiner Frau. Mit der versteht er sich allerdings in der Regel besser, als er der Affäre zu erkennen gibt. Da ist über die Jahre Vertrauen gewachsen, man hat ein Haus gebaut, einen gemeinsamen Freundeskreis, vielleicht sogar gemeinsame Konten und zahlreiche verbindende Rituale und Gewohnheiten entwickelt. Einmal ganz zu schweigen von den Kindern. Denn, was sich die Geliebte eines verheirateten Mannes nur selten vor Augen hält, es ist eine Familie, und es wird für alle Zeiten eine bleiben, selbst wenn er sich, im äußerst unwahrscheinlichen Falle, von seiner Frau trennen sollte. Dann ist Weihnachten, Ostern, die erste Ballett-Aufführung der Tochter, das Singspiel bei Oma oder Sommerferienzeit. Und dann? Dann bleibt es eben bei der Tatsache, dass hier nicht nur biologisch eine Familie immer eine Familie bleiben wird, und damit die Geliebte bestenfalls das fünfte Rad am Wagen. Es stellt aber auch eine schwere moralische Bürde für die

Außenstehende dar. Denn sie ist es doch, die sich vorwerfen wird, Schuld auf sich geladen zu haben, weil sie eine scheinbar intakte Familie zerstört. Wobei Frauen teilweise eine Art »moralischer Beißhemmung« zeigen. Nach dem Motto »Ich möchte nicht, dass mir so etwas angetan wird, deshalb lasse ich mich auch nicht auf einen verheirateten Mann ein«. Rührend. Magisches Denken, die Besänftigung der Götter durch vorauseilendes Wohlverhalten. Wer hätte einen solchen Gedanken je von einem Mann vernommen?

Männer stehen als Liebhaber in dieser Form grundsätzlich gar nicht zur Verfügung. Es gibt bestimmt Ausnahmen, mir selbst ist jedoch kein einziger Fall bekannt, in dem ein Mann jahrelang auf seine verheiratete Angebetete gewartet hat. Welche Gründe kann das haben? Die Autorin Kathrin Klette schreibt dazu in einem Artikel der *ZEIT*, dass das durchweg bessere Selbstwertgefühl der Männer diese wohl daran hindert, über einen längeren Zeitraum die »Zweitbesetzung« abzugeben. Frauen, so Klette, seien heutzutage noch immer diejenigen, die den kranken Vater pflegten, die Hausarbeit machten oder nachts aufstünden, wenn das Baby schreit. Oder wie Gerti Senger sagt: »Frauen erledigen immer noch den Großteil der nicht geachteten und unbezahlten Arbeit.«

Der Schriftsteller und Philosoph Ernst Jünger hat einmal gesagt: »Wer sich selbst interpretiert, geht unter sein Niveau.« Ich bitte insofern um Nachsicht. In *Scheißkerle* habe ich geschrieben: »Die Geliebte verliert immer. Wenn sich Ihr neuer Flirt oder sogar verheirateter Liebhaber nicht innerhalb weniger Wochen eindeutig zu Ihnen bekennt, ist er Ihrer nicht wert. Schluss – und zwar sofort!«

Es hat mich gewundert, wie viel Resonanz dieser Satz in den Medien und auch bei Leserinnen gefunden hat. In der Folge wurde ich dann darauf hingewiesen, dass es Studien gäbe, zum Beispiel der Gesellschaft für erfahrungswissenschaftliche Sozialforschung (GEWIS), dass doch jeder zehnte Mann seine Frau für die Geliebte verlässt. Das ändert natürlich alles! Eine Zehn-Prozent-Erfolgsquote, auf dieses morsche Fundament bauen wir das Haus einer gemeinsamen Zukunft, dessen Haltbarkeit uns vor allem der Mörtel der Hoffnung garantieren soll.

Clara gehörte nicht zu den zehn Prozent. Dabei war es keinesfalls so, dass Richard irgendwann von den Forderungen nach einer eigenen Familie, Kindern oder gemeinsamen Zukunft genervt gewesen wäre. Es war vielmehr ein Prepaidhandy, welches den Ausschlag für die Trennung gab, die übrigens von Clara ausging.

Nachdem einige ihrer Mittwochtermine kurzfristig abgesagt wurden und sich Richard auch sonst etwas zurückgezogen hatte, stöberte sie bei einer Gelegenheit misstrauisch in seiner Sporttasche und fand dort – im »doppelten Boden« – ein Handy, das sie zuvor noch nie gesehen hatte. Darauf »WhatsApp«, von dem Clara gar nicht wusste, dass Richard es benutzt. »Lass uns doch morgen gemeinsam in die Berge fahren«, stand da. Empfängerin war die 27-jährige Vanessa, die in der Klinik ihr Praxisjahr als angehende Ärztin absolvierte. Die Ausreden, Ausflüchte, Entschuldigungen und Beschwichtigungen zeigten selbst der gewöhnlich alles schluckenden Clara, dass an dieser Geschichte etwas »dran« sein musste.

So stand sie nun – nach sieben Jahren Wartezeit – neben ihren wenigen Habseligkeiten. »Hier ist Floh«, sagte Richard mit reichlich Moll in der Stimme, »vergiss ihn nicht, er braucht doch ein Zuhause.« Es sollte wohl so etwas wie der Versuch eines Trostes sein.

Narzisst und Vielleichtchen

»Lass mir noch etwas zum Leben«, jammerte Andreas, als seine Frau Marie mit den beiden Teenagern Lia und Mark aus jenem Haus in Bad Nauheim auszog, in das sie sechzehn Jahre zuvor eingezogen war. Verkehrte Welt, denn Andreas sagte den Satz locker an einem Taxi lehnend, das vor der Haustür auf ihn wartete. Es ging für zwei Wochen nach Florida zum Golfen. Den Umzug überließ er seiner Noch-Ehefrau. Schlechtes Gewissen hatte er dabei keines, schließlich wollte sie ihn verlassen. »Golf«, so pflegte Andreas gern zu erzählen, »Golf ist das, was mir noch geblieben ist. Es ist das Einzige, was mir noch ein wenig Freude bereitet.« Dabei zerbrach seine Stimme dann fast vor Schmerz, Demütigung und tiefem Leid.

Allerdings darf man nicht unerwähnt lassen, dass der 59-Jährige solche Sätze einer Frisöse, Stewardess oder der Toilettenfrau erzählt, also Frauen, die gezwungen sind, sich seine Jammergeschichten anzuhören, weil sie eben in der Situation nicht einfach schnell genug das Weite suchen können. Seine Freunde haben schon lange keine Lust mehr auf diese Geschichten.

Während Andreas also zum Golfen flog, musste seine Familie aus dem Haus ausziehen. Wäre ja auch noch schöner gewesen, wenn er sich eine neue Wohnung hätte suchen müssen. Wo kommen wir denn da hin! Schließlich war es doch »sein« Haus. Zumindest dem Grundbuch nach. Dass ihm seine Frau, durch eine Erbschaft ihrer Mutter, dabei geholfen hatte, das Haus zu kaufen, daran mochte er sich jetzt nicht mehr so recht erinnern und berief sich »auf die Buchstaben des Gesetzes«. Richtig, nach den Verträgen und Urkunden war Andreas alleiniger Eigentümer. So war es nicht nur mit dem Haus, sondern auch mit allen anderen Dingen, in die man als Familie so investiert hatte: also mit den Autos, dem Ferienhaus und der Firma.

Er wird immer wieder eine Frau finden, die seinen unerträglichen Narzissmus mitträgt, dachte Marie. Zwei Wochen Luxus-Resort in Florida, natürlich Business-Class-Flüge, während sie und die beiden Teenager in eine kleine Wohnung am Stadtrand von Frankfurt zogen. Für mehr war kein Geld da, denn Andreas' Beratungsfirma war eindeutig überschuldet. Für den Golf-Ausflug hatte es aber dennoch gereicht, für Marie und die Kinder leider nicht. So jedenfalls stand es in den Schriftsätzen, die seine Anwälte ihr ein paar Tage zuvor durch das Gericht hatten zustellen lassen: »Aufgrund der aktuellen Überschuldungssituation des Arbeitgebers unseres Mandanten müssen dessen Bezüge auf EUR 1250 pro Monat gesenkt werden.« Nun war es so, dass Andreas Gesellschafter dieser Beratungsfirma war, sie ihm also gehörte, und er sich seit Jahren »steueroptimiert« auch noch freiberufliche Zahlungen gegönnt hatte. Das konnte Marie mit Hilfe der langjährigen Buchhalterin nachweisen, was die Anwälte der Gegenseite dazu veranlasste, nunmehr zu schreiben, es habe sich um einen »Tippfehler im Referat des Anwalts« gehandelt – schuld ist ja immer die Sekretärin.

Aus Sicht von Andreas waren die Dinge immer zu seinen Gunsten gelaufen. Sein Umfeld sah das mittlerweile anders. Die Diskrepanz von Eigen- und Fremdwahrnehmung bereitete vielen Probleme, ihm selbst eher weniger. Die Unternehmensberatung hatte Andreas von zwei älteren Partnern übernommen und dafür viel zu viel Geld bezahlt. Das Unternehmen war alteingesessen, sein Name bekannt, und Seniorpartner der White & Hall Consultants in Frankfurt am Main zu sein, das war etwas ganz nach dem Geschmack von Andreas. Eine steuerlich-rechtliche Prüfung der Gesellschaft hatte er genauso wenig vorgenommen wie eine kritische Unternehmensbewertung. Er, der Dealmaker, wusste doch, wie der Hase läuft. Eine gute Firma meinte er aufgrund seiner langjährigen Berufserfahrung erkennen zu können, und außerdem war das ganze »paper work« etwas für junge Hilfskräfte, aber doch nicht für einen wie ihn, der die großen Transaktionen am Autotelefon abschließt. »Meine Zeit ist zu wertvoll für Micro-Management«, sagte er in solchen Momenten und trat das Ganze dann gern an seine Frau Marie ab, die in der Firma auf 400-Euro-Basis arbeitete.

Übrigens war Marie vollständig gegen den Kauf der Kanzlei gewesen. Sie hatte von Anfang an den Eindruck, dass die beiden alten Herren ihre besten Tage bereits hinter sich hatten. Sie empfand die Siegelringe und die roten Hosenträger, die sie trugen, als genauso peinlich wie die Einladungen ins teure Steakhouse im Frankfurter Westend. Vor allem aber fiel ihr sofort auf, wie geschickt die beiden Andreas um den Finger wickelten: Sie gaben ihm ein »gutes Gefühl«, indem sie ihn als einen großartigen Unternehmensberater und das »Talent der Branche« bezeichneten. Und sie schwärmten ihm von dem tollen Büro im 17. Stock des Main-Towers vor, das er bald beziehen würde: »Hammer, dieser Blick. Wie klein die Welt doch von hier oben aussieht.«

Andreas konnte das alles schon vor sich sehen und gar nicht mehr erwarten, die Visitenkarten mit dem erhabenen glänzenden Stahlstich in der Druckerei abzuholen. Er selbst hielt die beiden Verkäufer für »Männer von gestern, die ihre besten Tage hinter sich haben«. Überhaupt war er schnell dabei, wenn es um Abwertung und negative Urteile ging. »Alles Idioten, ich muss das selber machen«, »Der Typ kann ja gar nichts« oder »Es wäre mal wieder fast schiefgegangen, aber in letzter Sekunde kam mir die rettende Idee. Wenn die mich nicht hätten!«.

Und so wurde ein Mann, der sich rühmte, die Dinge »in der Hand zu haben«, zum Spielball von zwei Profis, die wenig Mühe hatten, ihn perfekt zu manipulieren.

So gut die Antennen der Blender und Narzissten für die Schwächen anderer sind, so maßlos schlecht sind sie in Bezug auf die eigenen. Selbstreflexion findet so gut wie gar nicht statt, weshalb sie auch nur äußerst selten eine Therapie beginnen. Werden sie dazu genötigt, zum Beispiel, weil die Familie sonst auseinanderzubrechen droht, dann geraten die Sitzungen zu einem Wettlauf mit dem Therapeuten – nach dem Motto »Das wollen wir doch einmal sehen, ob der mir überlegen ist« oder »Den spiele ich doch locker an die Wand, niemals ist der mir gewachsen«.

Nach dem Kauf der Firma ging es Andreas Hickstein in erster Linie darum, zu glänzen und dabei möglichst wenig zu arbeiten. Natürlich brauchte er eine Sekretärin, keine jedoch hielt es besonders lange bei ihm aus. Auch andere Abteilungsleiter, gute Consultants, junge Talente und schließlich sogar Frau Ulsbach, die langjährige Buchhalterin und Seele des Unternehmens, verließen die Firma. Die guten Leute erkannten einfach schnell, dass Andreas zu wenig Verantwortung, Empathie und Augenmaß für seine Firma aufbrachte, sondern hauptsächlich damit beschäftigt war, an seinem persönlichen Image zu feilen.

Neben den beiden Autos für die Familie leistete er sich über seine Firma ein Premium-Leasing, ein Statussymbol der Extraklasse: Bei diesem Service muss man sich weder um Reifenwechsel noch um Wagenwäsche oder Ölwechsel kümmern, man reicht den Wagen einfach einem Bediensteten, der einem sofort eine neue Karosse unter den famosen Hintern schiebt. Besagtes Luxusauto kostete fast vierzigtausend Euro im Jahr. Das alles nur, um in der Bad Nauheimer Einfamilienhaussiedlung mit einem Chefwagen vorzufahren, den sich weder die Familie noch die überschuldete Firma leisten konnte. Damit nicht genug, irgendwann stand ein roter Ferrari vor der Tür. Das Auto hatte Andreas ohne das Wissen seiner Frau in Italien gekauft. »Männer brauchen so etwas«, sagte er und ließ im Vorgarten den Motor aufheulen. Bei den Ausgaben für die Kinder hingegen versuchte er einzusparen.

Marie hätte es besser wissen müssen. Sie ist nämlich schon die dritte Frau von Andreas. Nach seiner ersten Ehe, die man als Jugendsünde abtun kann, denn er war bei der Hochzeit gerade mal 21 Jahre alt, war er zehn Jahre mit Elisabeth verheiratet. Sie habe ihn »ausgenommen wie eine Weihnachtsgans«. Alles habe sie ihm genommen, auch die beiden Kinder aus dieser Ehe, die den Kontakt zu ihm abgebrochen hätten. Eine böse Frau, die ihn »über den Tisch ziehen wollte«, aber da sei sie an »den Falschen geraten«.

»Was denkt die eigentlich, wer ich bin?« ist so ein Schlüsselsatz im Leben von Andreas. Dieser Satz offenbart sein Kernproblem: seine narzisstische Persönlichkeitsstörung. Marie konnte das damals nicht sehen. Sie glaubte ihm die haarsträubenden Geschichten von der gierigen Exfrau, die die Kinder aufhetzt und rachsüchtig und »geldgeil« ist. So wollte sie definitiv nicht sein. Mehr noch: Dass Andreas mit diesen Geschichten Marie in die moralische Defensive drängte, um zu erreichen, dass sie erst gar nicht versuchen würde, Augenhöhe zu ihm herzustellen, auch das war ihr damals nicht bewusst. So ging die Saat auf: Marie wagte es nicht, von dem attraktiven, intelligenten Mann, der gerade so bitterlich von einer Frau enttäuscht worden war, etwas einzufordern.

Power Play heißt in der Geschäftswelt die Methode, das Gegenüber in eine moralische Falle zu locken. Resultat der Übung: Alle Verträge liefen über Andreas: das Grundbuch des Hauses, die Firma und die Autos. »Romantische Verblödung« nennt die Wiener Scheidungsanwältin Helene Klaar diese Phase von Frauen, die sich zu Beginn einer Ehe in die völlige wirtschaftliche Abhängigkeit eines Mannes begeben, ohne sich mit den juristischen Zusammenhängen und den wirtschaftlichen Konsequenzen für das eigene Leben auseinanderzusetzen.

Marie ist siebzehn Jahre jünger als Andreas und war von der Eloquenz, dem Auftreten, dem Humor und der großen Welt, die Andreas ihr eröffnete, begeistert. Sie selbst kommt aus einer kleinen Stadt in Niedersachsen, der Vater ist Leiter des örtlichen Bauhofs, die Mutter Krankenschwester im Spital des Landkreises. Mit Ende zwanzig lernte sie Andreas bei White & Hall Consultants kennen. Er war sofort begeistert von dieser jungen, hübschen Frau, die gerade dabei war, ihr Studium abzuschließen.

Die Verführungsphase begann, wie Marie es nennt. Sie sah in Andreas eine interessante Führungspersönlichkeit. Wenn er sprach, hörten alle zu, auf Partys stand er im Mittelpunkt, ein charmanter, charismatischer Mann, mit allen Wassern gewaschen. Dass er den Mann an der Hotelrezeption, den Kellner im ICE oder die Mitarbeiterin eines Call-Centers mit ungewöhnlich schneidiger Härte »abbürstete«, wenn sie nicht so »spurten«, wie er wollte, ging im Anfangsrausch der Bewunderung unter. Selbst nach dem Vorfall in der Senator-Lounge verteidigte Marie noch ihren Mann.

Früher flog Andreas von Frankfurt über Stuttgart nach Hannover, auch wenn die Kunden in Kelkheim, Heidelberg und Göttingen saßen. Das klang einfach besser und gab ihm das Gefühl, ein Weltmann zu sein. Allerdings ist man mit dem ICE nicht nur schneller, sondern auch günstiger bei seinen Kunden in der Provinz. So ging die begehrte Senator Card – trotz Golfreisen – irgendwann verloren. Mit der Herabstufung zum »Frequent Traveller« (FTL) kam Andreas gar nicht zurecht: Er war wütend auf die Fluglinie, die ihn seiner Meinung nach schlecht behandelte, schrieb lange Briefe an den Vorstandsvorsitzenden und motzte auf jedem Flug, an jedem Check-in, in jeder Lounge. Irgendjemandem musste sein Leid doch endlich auffallen! Warum fragte denn eigentlich niemand nach den Gründen seiner Wut? Und weil niemand fragte, stieg der Druck im Narzissmus-Kessel enorm an, ein Kessel ohne Selbsterkennungsventil.

Der Mangelmann implodierte letztlich in der Vielfliegerlounge des Flughafens Tegel, wo man zunächst einen Vorraum betritt und dann entweder durch die Tür rechts zum gepflegten Abendessen bei den »Senatoren« oder eben durch die Tür links zu den Würstchen der »FTLs« Zutritt hat. Andreas war doch niemand aus dem mittleren Management, keiner dieser lächerlichen Loser mit ihren schlechtsitzenden Anzügen und Schuhen mit Gummisohle! Doch die flotte Ledersohle, das bestimmte Auftreten und das Zücken der abgelaufenen Senator Card brachten nichts. Er war schon halb durch die goldene Tür des Glücks, als ihn die resolute Mitarbeiterin am Empfang zurückrief und sagte: »Hier bitte lang, Herr Hickstein, Sie haben keinen Zutritt mehr zur Senator-Lounge. Hier links bekommen Sie auch etwas zu trinken.«

Das war ein Schlag in die Magengrube. Das Gesicht von Andreas verfinsterte sich, seine Muskulatur zog sich zusammen, die Adern schwollen an, und er schrie: »Sie blöde Schlampe, was glauben Sie eigentlich, wen Sie vor sich haben?« Die Situation eskalierte so sehr, dass der Polizeiposten, der stets unten an der Treppe die Abflughalle im Blick behält, heraufgesprintet kam, um Andreas zu fixieren.

Sein narzisstischer Defekt war exakt dort ausgebrochen, wo es am meisten weh tat. Die Mitarbeiterin einer Fluglinie, ein Wesen, das Andreas nicht einmal ansatzweise auf seiner Augenhöhe sah, hatte sich erdreistet, ihm den Zugang zu jenem Zirkel zu verwehren, dem er sich zugehörig fühlte, und hatte ihn darüber hinaus in die Hölle der Vielflieger geschickt, zu den kleinen Würstchen! Das konnte er nur als eine Attacke auf seine gesamte Existenz werten. Die Relais seiner Störung waren auf »rot« gesprungen, die gutgeölten Synapsen seiner Kindheit schalteten, die Impulse gerieten außer Kontrolle, ein Gewitter mitten in der ansonsten staubtrockenen Atmosphäre einer gepflegten Vielflieger-Lounge. Schnitt.

In den Wochen danach folgte eine Klage der Airline, die Ansprüche wegen diverser Beschädigungen gegen ihn geltend machte. Andreas behauptete, die Sache sei ganz anders gewesen, und erhob seinerseits Klage gegen die Fluggesellschaft. Zu Hause erzählte er Marie in allen Details, wie sich die Dinge »tatsächlich« zugetragen hätten. Und weil die Schilderung mit so vielen Einzelheiten geschmückt war, fiel Marie gar nicht auf, wie Andreas sie manipulierte. So funktioniert die Strategie des Blenders: so viele Nebelkerzen werfen, bis das Gegenüber gar nicht mehr nachfragt – »Habe ich dir doch gerade ganz genau erzählt!« –, um sich dann mit einer Schilderung zufriedenzugeben, die es nicht nur glaubt – »Das kann man sich ja alles gar nicht so ausdenken« –, sondern die darüber hinaus die Bereitschaft weckt, das vermeintliche Opfer sogar zu verteidigen.

Es ist eben genau diese Täter-Opfer-Umkehr und die Verschiebung auf eine andere Person, die narzisstische Persönlichkeiten beherrschen. So perfekt, dass selbst nahestehende Personen zu zweifeln beginnen, sich fragen: Hat er vielleicht doch recht? Liege ich falsch? Waren die anderen nicht doch zu kleinkariert? Oder gar: Bin ich jetzt eine schlechte Ehefrau, weil ich ihm die Geschichte nicht glaube? Dieses Verwirrspiel, das in härteren Fällen mit schamlosen Lügen, falschen Informationen oder eiskaltem Leugnen garniert wird, ist für normale Menschen nicht zu durchbrechen, weil sie sich gar nicht vorstellen können, dass der Narzisst zu solchen Mitteln greift. Gegner irritieren, deren Wahrnehmung in Frage stellen, und wenn gar nichts hilft, die Integrität des anderen beschädigen (»Du bist ja schon verrückt«) – das gehört zum Werkzeugkasten des narzisstischen Blenders und hysterischen Schaumschlägers. Es ist eine Schutzmaßnahme, um nicht als »Täter« identifiziert zu werden, zugleich wird die Schuld anderen zugeschoben. Frei nach dem Motto, wer nur laut genug »Haltet den Dieb!« schreit, wird nicht als Erstes verdächtigt, der Dieb zu sein.

Die Sache mit der Fluggesellschaft ging nach monatelangem Gerichtsprozess zu seinen Ungunsten aus: Andreas musste den Schaden bezahlen und erhielt außerdem Hausverbot für die Lounge in Berlin. Seine Story verfing bei Gericht nicht, denn im Flughafen gab es eine Überwachungskamera, die alles aufgezeichnet hatte, was Andreas nicht wusste. Gerade als er dem Richter mit gesenktem Blick und einer Stimme in Opfer-Moll eine ganz besonders hübsche und detailreiche Version seiner Geschichte präsentieren wollte, sagte der Vorsitzende: »Dann schauen wir uns doch einmal die Videoaufzeichnung an, Herr Hickstein.«

Das führte aber keineswegs dazu, dass sich Andreas für sein Ausrasten entschuldigte, im Gegenteil: Er war voller Wut und schwor sich, nie wieder mit dieser Fluggesellschaft zu fliegen. Schön blöd, wenn man ein Ferienhaus auf Mallorca besitzt, wo diese Fluglinie dreimal täglich direkt hinfliegt!

Das Kommunikationsverhalten von Andreas ist schwer gestört. Er hat keinerlei Interesse daran, anderen zuzuhören, sein Gegenüber wahrzunehmen, auf das einzugehen, was es sagt. Gespräche über Gefühle, Probleme und Beziehungen sind in seinen Augen etwas für Schwächlinge. Ihm geht es ausschließlich um den Schutz seiner glänzenden Oberfläche, um sein Image, um die Aufrechterhaltung seines Ansehens. Dafür wendet er eine ausgeklügelte Technik an, die ihm selbst, wie sein direktes Umfeld bis heute meint, nicht bewusst ist. Es ist das Werkzeug, mit dem der bedrohliche Eingriff in die Theaterkulisse verhindert wird, sozusagen der Dreiklang des narzisstischen Abwehrreflexes:

Stufe 1: Leugnen, leugnen, leugnen und alles von sich weisen, bis das Gegenteil bewiesen ist.

Stufe 2: Gespieltes Entsetzen, Opferrolle einnehmen, Verwirrung stiften, Wahrnehmung anzweifeln, Tatsachen umdrehen, Verhandlungsmasse aufbauen.

Stufe 3: Gegner zum Täter erklären, Opferrolle einnehmen, mit Konsequenzen drohen oder gleich zum Gegenschlag ausholen. Tenor: »Wenn ich angegriffen werde, schlage ich doppelt so hart zurück.«

In den ersten Jahren ihrer Beziehung waren solche Aussetzer bei Marie im Rausch der Bewunderung untergegangen. Als Freunde sie auf das Verhalten ihres

Mannes ansprachen, ließ sie sich nicht irritieren, sondern hielt es für eine besonders männliche und durchsetzungsfähige Charakterstärke. Irgendwann fing sie an, Zweifel zu bekommen. Es dauerte noch eine Weile, bis sie begriff, dass diese Demonstration von Stärke nichts mit Kraft zu tun hat, sondern ganz im Gegenteil Ausdruck einer Schwäche ist.

Zu Beginn ihrer Beziehung waren die Monate rosarot. Andreas verwöhnte sie mit Reisen in die USA, lud sie in die besten Hotels und schönsten Restaurants ein. Er gab großzügig Trinkgeld und zeigte sich in jeder Hinsicht von der spendablen Seite. Die Verführungsphase lief auf Hochtouren. Das änderte sich unmittelbar nach der Hochzeit. Die Verführungsphase wurde durch die Entwertungsphase ersetzt. Auf einmal konnte Marie nichts mehr recht machen, obwohl sie sich aufopferungsvoll um die Kinder und um eine eigene Karriere kümmerte. Doch gerade da lag das Problem. Andreas sprach zwar seit Jahren davon, seine Dissertation zu machen, aber es war Marie, die abends am Schreibtisch saß, wenn die Kinder schliefen, und an ihrer Arbeit feilte. Auf einmal sprach Andreas auffallend oft in der Öffentlichkeit von »seinem Frauchen«, ihre Vorschläge im Büro wurden mit »Da kann ich mich ja gleich begraben« quittiert, oder sie wurde von ihm gar vor Mitarbeitern verhöhnt, die sich sodann peinlich berührt abwandten.

Und was geschah mit Marie? Sie wurde zu einem Vielleichtchen, zu einer Blume der Hoffnung. Sie entschuldigte das gestörte Verhalten ihres Mannes gegenüber Dritten und hoffte stets, es werde sich alles zum Besseren wenden. So, wie es angefangen hatte, mit dem Glanz in ihrem Leben, den vielen kleinen Aufmerksamkeiten, mit einem Mann an der Seite, der vor Charme, Gewandtheit und Lebenslust nur so sprühte. Einmal waren sie spontan nach Frankreich gefahren, weil im Radio gerade der Song »In einem Taxi nach Paris« lief. Andreas rief: »Wir packen«, und schon waren sie unterwegs, vergaßen sämtliche Termine. Herrliche Stunden waren das, in einem alten Golf über Alleen und durch kleine französische Dörfer bis in die Hauptstadt.

Was Marie bis heute nicht richtig erkennen mag, ist die Tatsache, dass sie selbst ganz wesentlich dazu beigetragen hat, dass Andreas seine Fassade aufrechterhalten konnte. Indem sie eben an der Hoffnung festhielt, dass sich etwas ändert, indem sie sich immer wieder kompromissbereit zeigte und sein oft grenzwertiges Verhalten gegenüber anderen in Schutz nahm oder sogar entschuldigte. Dazu gehörte auch, dass sie stillschweigend akzeptierte, nicht in einer gleichberechtigten Partnerschaft zu leben. Es ist faszinierend, aber Blender und Narzissten finden immer Frauen wie Marie, die sie beklatschen, feiern und bekräftigen. Frauen, die diese Spielchen über Jahre mitmachen, rechtfertigen und stützen. Erst viel später, oft erst nach der Trennung, fällt ihnen auf, dass ihre Freiheit dort endete, wo er sich seine schamlos nahm. Dass seine Methoden, sich Raum zu verschaffen, ausschließlich zu ihren Lasten gingen und später auch zu Lasten der Kinder.

Permanent war Marie damit beschäftigt, Scherben zusammenzukehren und ihren Mann in Schutz zu nehmen. Später dann musste sie ihre eigene Rolle rechtfertigen und immer wieder erklären, warum sie das alles tat, warum sie die Kinder nicht schützt, und vor allem, warum sie sich selbst nicht rettet. Dieser Rechtfertigungsdruck hält bis heute an, dabei hat sie sich schon vor Jahren von Andreas getrennt. Das muss wohl eine Spätfolge jener andauernden Schuldzuweisungen sein, unter denen die Opfer narzisstischer Menschen leiden. Irgendwann entwickeln sie eine Schonhaltung, die vor allem aus Rechtfertigungsschleifen vor sich selbst bestehen.

»Irgendwie verliert man seine Selbstsicherheit, traut sich selbst nichts mehr zu, fühlt sich zu klein und unbedeutend, um überhaupt noch aufzumucken«, fasste Marie die letzten Jahre ihrer Ehe zusammen. »Es ist, als ob man versuchen würde, bloß nicht zu viel Angriffsfläche zu bieten, sich unsichtbar zu machen, den drohenden Explosionen aus dem Weg zu gehen.« All das sind Resultate sehr effektiver Instrumente aus dem Werkzeugkoffer eines auf Herabwürdigung und Abwertung spezialisierten Täters, der es darauf anlegt, sein Objekt »kleinzuhalten«, wie Marie es nannte. Erst die Distanz zu alledem, die Trennung, der Abstand und ein dauerhafter Stopp der Kommunikation lassen einen erkennen, wie geschmeidig die Manipulation des Narzissten funktioniert hat.

Das wäre nicht so reibungslos gelaufen, wäre Marie

nicht vom Naturell her der Typ »Nähe«, also eine Frau, die melancholische Züge zeigt, sich gern der Familie widmet, zuarbeitet, hilfsbereit und menschenfreundlich ist. Eine Frau, die sozial engagiert ist, Flohmärkte für Flüchtlinge organisiert und ihre eigenen Bedürfnisse hinter den Kindern, vor allem aber hinter einem kindischen Ehemann zurückstellt, nicht zuletzt, weil sie diese Werte aus dem Elternhaus mitbekommen hat. Gerade weil sie der Meinung ist, ein Miteinander könne nur Bestand haben, wenn man die eigene Identität – zugunsten der Gemeinschaft – in den Hintergrund stellt, war der Angriff auf ihren Selbstwert, auf ihre Person, so teuflisch effektiv. Scham- und Rücksichtslosigkeit, Lüge, Beleidigung, Schuldzuweisung: Der Angreifer wird immer unverschämter, macht die Bereitschaft seiner Partnerin zur gütlichen Lösung, dem Bestand der Familie, zum Landeplatz seiner immer sadistischeren Attacken, die das Ergebnis seiner narzisstischen Störung sind.

Am schlimmsten empfand Marie die soziale Isolation, denn Andreas war wie kein Zweiter in der Lage, Freunde und Bekannte für sich einzunehmen, geradezu »umzudrehen«, so dass Marie echte Probleme hatte, nicht für hysterisch gehalten zu werden bei »so einem netten Mann, der sich ja auch so reizend um die Kinder kümmert«.

Marie fühlte sich streckenweise so, als wäre sie »im falschen Film«. Das, was sie gerade erlitt, drehte er um und warf es ihr dann vor. Es war die sofortige Umkehr der Realität, eine Verschiebung seiner Handlungen auf sie. Später wurde ihr klar, dass die Methode des »professionellen Falschverstehens« ebenfalls ein gutgeschmiertes Instrument aus dem Werkzeugkoffer des Narzissten ist. Eine Methode übrigens, die man auch fast jeden Abend in den Polit-Talkshows unseres Landes beobachten kann.

Gegen einen Narzissten, der seine Handlungen weder reflektiert noch zu einem Gespräch oder gar einer Therapie bereit ist, ist kein Kraut gewachsen. Kritik perlt auf seiner gutpolierten Oberfläche einfach ab. Sie können ihn nicht bekehren und auch nicht heilen, ist doch die Unfähigkeit zur Selbstreflexion integraler Bestandteil seiner Persönlichkeit. Sie können sich nur von ihm trennen.

Der Softboy und die Powerfrau

25 wohlgeformte weibliche Ärsche recken sich Mike entgegen. Ein ganz normaler Abend also. Wer in Herne, Westfalen, junge, attraktive Frauen treffen will, der muss ins Namasté gehen, das angesagte Yoga-Studio der Gegend. Schöne Schwäne können auch andere, aber im Namasté biegt Mike die Beine, ein Mann voll spiritueller Energie. Sein Körper ist allerdings auch nicht von schlechten Eltern. Wenn er den »nach unten schauenden Hund« ansagt und sich dann hinter die gereckten Hinterteile seiner Kursteilnehmerinnen stellt, natürlich nur, um doggystylemäßig die Hüfte auszurichten, dann ist den Schwitzenden das Spirituelle ganz körperlich. Oder ist es am Ende umgekehrt? Egal. Dass der Mann im engen Höschen ein Hingucker ist, gibt jedenfalls niemand zu. Vielmehr rennen sie ihm die Bude ein, weil »der Raum so frei, so geerdet, so echt« ist, wenn Mike die Stunde hält. Gong!

Früher war Mike Maschinenführer bei Opel in Bochum, die hatten aber dichtgemacht, und bis sich etwas Besseres bot, machte er eine Ausbildung zum Yoga-Lehrer. Die Motive lagen auf der Hand: Frauen und etwas Kohle, außerdem konnte er nicht den ganzen Tag zu Hause rumhängen. Also, 200 Stunden in die Ausbildung investiert, ein paar indische Sprüche auf die Platte gezogen, und fertig war der heiße Stern am Yoga-Himmel. Mike hat auch schon eine kleine Website ins Internet gestellt, mit dem passenden Namen »My lovely Yogi«. Da wimmelt es nur so von Begriffen wie *Alignment* und *Adjustment*, da gibt es ein wenig indische Geschichte, ein paarmal fällt das Wort Sanskrit und, ganz wichtig natürlich, das Wort: Selbstreflexion.

Seine Wandlung zum Yogi kam etwas unvermittelt und hatte wohl mit seiner neuen Partnerin zu tun. Spiritualität war nun wirklich nichts, was in seiner Familie »groß«geschrieben worden wäre, ganz im Gegenteil. Seine Mutter war Näherin, seinen Vater hat er nie kennengelernt. Wäre er in einem anderen Umfeld, in einer Familie mit mehr Zuwendung und mehr Interesse an Bildung groß geworden, hätte er vielleicht sogar das Abitur gemacht. Als er jünger war, betrieb Mike zusammen mit einem Kumpel erfolgreich einen Club am Stadtrand von Duisburg.

Wenn man Mike trifft, kann man sich gar nicht vorstellen, dass er eigentlich etwas schüchtern ist, und so diente die Rolle des coolen Club-Betreibers vor allem der permanenten Versorgung mit jungen Frauen, die den Chef des Ladens anhimmelten. Alles in allem zu viele Frauen, zu viel Alkohol, zu viele Drogen, zu lange Nächte und immer die falschen Freunde. Die Polizei war öfter da als die Putzfrau, und irgendwann wurde der Laden vom Ordnungsamt geschlossen, nachdem Mike morgens ohnmächtig hinter dem Tresen aufgefunden worden war – in seinem eigenen Erbrochenen liegend mit einer Überdosis.

Mike ist heute 36 und gehört zu den Männern, die a) überhaupt noch Basecaps tragen und b) diese auch noch am liebsten falsch herum aufsetzen. Das sieht schon bei Justin Biber grenzwertig aus. Egal. Mike ist kein schlechter Typ, vielleicht ein wenig verträumt, durchaus mit Sinn für Gefühle und zwischenmenschliche Schwingungen. So ganz verkehrt war die Idee mit der Ausbildung zum Yoga-Lehrer also nicht.

Es sollte ja auch nicht für lange Zeit sein, doch Geld war knapp, und die Beziehung mit Katja etwas angespannt, seitdem der Job bei Opel weg war. Von der kleinen Abfindung waren sie nach Ibiza geflogen, hatten da zwei heiße Wochen in einem Hotel in Strandnähe verlebt und weniger über die Zukunft nachgedacht. Dort kam Mike auch die entscheidende Idee für seine neue Selbständigkeit, eine »Jahrhundertidee«, wie er fand: ein Food-Truck. Also so einen alten UPS- oder FedEx-Laster mit seitlicher Schiebetüre, den er mit ehemaligen Kumpels aus dem Autowerk aufschneiden und zu einem modernen Imbiss-Stand umbauen wollte. Geile Idee, leider konnte Mike nicht wirklich kochen, und außerdem fehlte es an der Kohle. Und so kam es dann doch anders, und er landete im Yoga-Studio. Mike hingegen redet zwar viel von seinem Ziel, einen Imbisswagen zu betreiben, aber es scheint so, als wäre es ihm genug, den Sonntagnachmittag davon träumend auf dem Sofa zu verbringen. Angepackt hat er die Sache mit dem Food-Truck jedenfalls bis heute nicht.

Katja ist 31 und arbeitete damals als Verkäuferin in einem Autohaus. Die beiden haben sich vor vier Jahren auf dem Oldtimer-Treffen in Dortmund kennengelernt. Sie war sofort begeistert gewesen von diesem 190 cm großen Kerl mit den vielen Tattoos und den sanften Augen. Ganz offensichtlich harte Schale, weicher Kern, ein Mann mit Gefühlen, ganz nach Katjas Geschmack. Dass er ein Drogenproblem hatte, wusste sie, aber wer hatte das in ihrem Umfeld eigentlich nicht. Kennenlernen wollte sie ihn dennoch, mit seinen Schwächen würde sie schon »zurechtkommen«, meinte sie.

Mike wusste, wer Katja ist, genaugenommen wusste es das ganze Ruhrgebiet. Denn Katja ist nicht nur eine der wenigen weiblichen Autoverkäuferinnen in der Gegend, sondern die äußerst attraktive Frau arbeitet auch als Go-go-Tänzerin und Stripperin, außerdem lässt sie sich gelegentlich nackt für Autokalender und Poster ablichten oder wird für Firmenveranstaltungen, Partys oder Junggesellenabschiede gebucht. Aber Katja hat ihre strikten Prinzipien: Sex gegen Geld kommt für sie nicht in Frage, genauso wenig wie der exzessive Konsum von Alkohol und Drogen.

Über eineinhalb Jahre hat Mike sich um sie bemüht, aber immer nur ganz vorsichtig. Nicht so wie früher, in seinem Club, wo er die Mädels mit straffen Muskeln und einer Einladung in den VIP-Bereich sowie jeder Menge »unerlaubter Substanzen« nach kurzer Zeit auf der Toilette »nageln« konnte, sondern mit viel, sehr viel Zeit, Ruhe und Geduld. Das hatte einen guten Grund, denn Katja war zu diesem Zeitpunkt noch mit einem anderen Mann zusammen, dem Geschäftsführer einer Promotion-Agentur. Von ihm wurde sie manchmal für Veranstaltungen gebucht. Sie hat sich wohl ein paarmal bei Mike über diesen Mann beschwert, vor allem, weil der Typ verheiratet ist. Verlassen hat Katja ihn aber deswegen nicht. Erst als herauskam, dass der Geschäftsmann nicht nur eine Ehefrau, sondern auch ein Kind hat, trennte Katja sich und rief heulend bei Mike an. Auf diesen Moment hatte er gewartet, war sofort zur Stelle und breitete über Katja eine wärmende Decke von Behaglichkeit, Zuwendung und Liebe aus.

Mike ist einfach ein warmherziger und verständnisvoller Kerl. Sie hingegen kann unerträglich zickig sein, stundenlang im Bad brauchen, sich ewig über ihre Hüften aufregen, die außer ihr jeder sensationell findet, doch nichts ist ihm zu mühsam, keine Laune zu anstrengend, selbst ihren Nebenjob als Stripperin erträgt er klaglos. Sie ist eine Frau, die sich nicht besonders selbstbewusst findet, vor allem nicht, was ihre Karriere anbelangt. Katja definiert sich fast ausschließlich über ihr Aussehen, weil sie früh erfahren hat, dass sie damit bei Männern sehr weit kommt. Zufrieden ist sie damit dennoch eigentlich nie. So hat sie sich bereits als 23-Jährige das erste Mal »unters Messer gelegt«, wie sie das nennt, und kürzlich bei einem bekannten

93

Schönheitschirurgen Fett an Stellen absaugen lassen, bei denen der behandelnde Arzt auch nach längerer Konsultation kein Fett erkennen konnte. Gesaugt wurde dennoch, die Kundin ist Königin.

Wenn man mit Mikes Freundin spricht, spürt man ihre Angst vor dem Altwerden. Einfacher gesagt: Sie befürchtet, mit Falten nichts mehr zu gelten. Denn der Wert einer Frau ist für sie ausschließlich mit dem Aussehen verknüpft. Sie glaubt, dass sie nur liebenswert ist, wenn sie körperliche Makellosigkeit präsentiert. »Perfekt sein«, wie sie das nennt. Interessanterweise kann sie sich vor Dutzenden grölenden Männern ohne Scheu ausziehen. Es ist, »als wäre mein Körper dann nur eine Hülle. Die können mich sogar anfassen, das macht mir gar nichts«, sagt sie. Die Männer bei solchen Veranstaltungen sind nur irgendeine graue Masse. Ganz anders ist das mit einem Mann, dessen Anerkennung sie sich wünscht, oder mit einem Lebenspartner, der ihr nahe ist. Dem kann sie sich kaum nackt zeigen, meint sie doch, er könne Stellen an ihr sehen, die sie selbst für mangelhaft hält. Die Beantwortung der eigenen Person ist also ursächlich mit der »Wertigkeit« des Gegenübers verbunden, ganz so, wie auch sie annimmt, vom Gegenüber bewertet zu werden.

Für Mike ist Katja die Traumfrau schlechthin. Das war schon beim ersten Treffen so. Sie saßen den ganzen Abend zusammen, und für ihn fühlte es sich an, als wären Stunden nur Minuten, die Zeit verflog, es hätte ewig so weitergehen können. Heute, nach über zwei

Jahren Beziehung, ist es immer noch so, dass Mike das Gefühl hat, sie zu brauchen, ohne seine Partnerin »unvollständig« zu sein. Am liebsten würde er in sie hineinkriechen, mit ihr eins werden, so sehr liebt er sie, nein, vielmehr: Er braucht sie wie die Luft zum Leben.

Katja verdient gut, sie ist mittlerweile Verkaufsleiterin. Die Beförderung hat aus Mikes Sicht einen ziemlich offensichtlichen Grund. Ihr Chef steht auf sie, was Mike rasend macht, aber sie schwört, dass »da nichts ist und nie etwas sein wird«. Wenn sie abends länger bleibt, schickt Mike laufend WhatsApp-Nachrichten mit Fragen wie »Was macht ihr da?« oder »Warum arbeitet ihr so lange?«. Katja findet das störend, aber sie hält trotzdem zu ihm. Sie möchte loyal sein, eine gute Partnerin. Es ist ein idealisierter Anspruch, sicherlich auch, weil sie so etwas in ihrem Elternhaus nicht erfahren durfte und es nun »besser machen« möchte.

Katjas Start ins Leben war alles andere als leicht. Die Mutter mit dem dritten Mann verheiratet, der eigene Vater ein abgestürzter Drogen-Junkie, der sich meldete, wenn er vollgedröhnt war, es aber beim Schreiben von rührenden Postkarten beließ und vor einigen Jahren einsam an seiner Sucht starb. Hinter Katjas hübscher Fassade versteckt sich eine aufgeweckte Frau. Allerdings interessiert das die meisten Männer wenig, und zur Wahrheit gehört, dass Katja den vorteilhaften Aspekt einer intelligenten Persönlichkeit gar nicht als solchen wahrnimmt. Dieser ist für sie in der Vergangenheit weitgehend »wertlos« gewesen, hatte er doch niemanden interessiert. »Dafür kann ich mir nichts kaufen« ist ihre Haltung dazu.

Die Sofortbefriedigung ihrer Eitelkeit, sprich: wenn Männer ihre wohlgeformten Brüste oder ihr langes blondes Haar bewundern, ist ihr wichtiger, als auf einer Ebene ernst genommen zu werden, die ihrer Meinung nach deutlich weniger »zählt« als äußere Merkmale. Das hat dazu geführt, dass Katja alle Männer für ziemlich einfach gestrickt hält und dem Affen Zucker gibt. Sie stellt sich dann gern naiv und hat gelernt, dass sie den Kerlen damit nicht nur jede Geschichte, sondern auch jede Menge Zuwendung entlocken kann, vom bezahlten Drink bis hin zur tiefen Bewunderung. Ihr Ziel hat sie erreicht, wenn der Typ versucht, sie herumzubekommen. Der Versuch genügt, mehr muss es für ihr Erfolgserlebnis gar nicht sein. Dabei setzen die Männer zumeist auf die Mitleidsschiene. Man glaubt nicht, wie viele Männer einer Stripperin sagen, der ersehnte Sex mit ihr hätte »heilende Wirkung«, er könne sie von ihrer Impotenz erlösen oder für ein besseres Eheleben sorgen. »Wenn Frauen wüssten, was ihre Kerle in Puffs und Stripclubs jeden Abend veranstalten, in Deutschland wäre die Hölle los. Männer in offenen Bademänteln, die sich benehmen wie offene Hose«, fasst sie ihre Erlebnisse in diesen Etablissements zusammen. Katja hält diese Männer für Deppen, die man »ausnehmen« kann, und hat dabei kaum ein schlechtes Gewissen, sehen diese doch in ihr auch nur »ein Stück Fleisch«, wie sie sagt. Dass dahinter ein eher schlechtmaskierter Männerhass steckt, ist ihr in dieser Form weniger bewusst. Dass sie auf ihre Weise versucht, Männer zu Objekten zu degradieren, hingegen schon. Sie zahlt es ihnen eben mit gleicher Münze heim.

Dabei lag sie mit der Mitleidsgeschichte gar nicht so falsch. Immer wieder gerät sie, nach eigenen Angaben, an den Typ »Privatpatient«. Auch Mike ist so einer. Trotz seiner Alkohol- und Drogensucht ist er bei ihr »gelandet«, und sie ist dazu bereit, alles für diese »verlorene Seele« zu tun. Ihr ist klar, dass das im Wesentlichen mit ihrem Vater zu tun haben muss. In ihrer ersten Mail schrieb sie mir, sehr wohl in der Lage zu sein, »dies zu reflektieren, aber nicht, sich daraus zu befreien«.

Ihre Geschichte berührt: Als Kind versucht sie, zwischen den Eltern zu vermitteln, später dann zwischen dem abhängigen Vater und dessen Freundinnen, die ihn immer wieder verlassen. Schließlich macht sie alles, um den Vater vor dem drohenden Drogentod zu bewahren. »Er hat mir oft geschrieben«, sagt sie, »aber als Vater stand er nie zur Verfügung. Ich glaube dennoch, er hat mich sehr geliebt.« Den einzigen Hinweis auf diese Liebe leitet sie aus der Tatsache ab, dass der Vater sie einmal nach Hamburg entführt hat, wo er lebte.

Und jetzt Mike. So schlimm ist es mit ihm nicht. Im Gegenteil, Mike gibt sich Mühe: Er konsumiert keine Drogen mehr, seit er Yoga-Lehrer ist, und zu Hause trinkt er Apfelschorle statt Alkohol. Sie hat ihn gerettet, denn er hat das alles nur für sie getan, durch sie hat sein Leben nun doch noch irgendwie einen Sinn bekommen. Und es ist keineswegs so, dass er sie nicht unterstützen würde. Er kocht, wenn sie abends nach Hause kommt, versorgt die Katzen, kümmert sich darum, dass die Wohnung ordentlich aussieht, und kauft meist sogar ein, wozu ihr schlicht die Zeit fehlt. Dass er dafür das Geld von Katja erhält, erträgt er. Wenn er Geld braucht, dann fahren sie gemeinsam zum EC-Automaten, sie hebt einhundert Euro von ihrem Konto ab, gibt ihm davon die Hälfte und behält den Rest. Außerdem bezahlt sie die Miete, Versicherungen und den Sprit fürs Auto.

Mike findet das gar nicht so schlimm, denn ein wenig verdient er ja nun auch mit den Yoga-Kursen dazu. Die Ausbildung hat er nicht wegen der Mädels gemacht, mit Katja hat er schließlich seine Traumfrau gefunden. Sein Interesse fremdzugehen tendiert gegen null, seine Liebe gilt ganz ihr. Er hat die Ausbildung absolviert, weil er ihr nah sein und wie sie einen Job ausüben will, in dessen Mittelpunkt der Körper steht. Er nahm an, sie könnte das gut finden, vielmehr sogar, es würde sie beide noch enger verbinden, ja gar zusammenhalten.

Sie aber will mehr aus sich machen, sie will raus aus der Enge ihrer Herkunft, sie will Abenteuer erleben, neue Welten und neue Menschen kennenlernen. Alles ist besser, als in der Kleinstadt zu versauern. So hat sie ihren Job im Autohaus gekündigt und ihren Traum wahr gemacht und ein Studium der Soziologie begonnen. Mike stört das. Nicht dass sie jetzt öfter als

Stripperin arbeitet, um ihr Leben finanzieren zu können, sondern das Studium. Er kann es nicht ertragen, dass sie dadurch mit einem ganz anderen »Menschenschlag«, wie er sagt, zusammenkommt. Es schmerzt ihn fast körperlich, wenn sie jetzt morgens das Haus verlässt, fühlt es sich doch stets ein wenig so an, als würde sie ihn verlassen. Dabei fährt sie nur mit dem Auto in die Nachbarstadt, nimmt dort ihre Seminare wahr und ist abends wieder zu Hause. Doch Mike kann und will diese Veränderung in Katjas Leben nicht gutheißen.

Das alles bereitet Katja mehr und mehr Unbehagen. Sie möchte ihn nicht verletzen, aber ihre eigene Entwicklung ist ihr sehr wichtig. Außerdem sieht sie in ihrem Studium auch keine Absage an die gemeinsame Beziehung. Im Gegenteil.

Neulich war sie mit einem Dozenten nach dem Seminar in einer Bar. Das Gespräch war spannend, es ging um psychologische Themen, für die sie sich interessiert, so wurde es immer später. Nach der zehnten SMS von Mike entschuldigte sie sich bei ihrem Gesprächspartner, ihr Freund sei »etwas arg eifersüchtig«. Sie war so genervt davon, dass sie sich ein paar Tage später von Mike trennte und sich wieder mit dem Geschäftsführer der Promotion-Agentur traf. Ein Macher-Typ, dynamisch, meist gut drauf, kokst allerdings ein bisschen viel. Nach zwei Monaten bekam dessen Ehefrau Wind von der Sache und Katja ein schlechtes Gewissen. Nun ist sie wieder mit Mike zusammen, hat aber gleichzeitig eine Affäre mit dem Dozenten angefangen. Irgendwie ist es doch ganz schön, sagt sie, wenn man einmal Beantwortung erfährt, »auf andere Themen als das eigene Aussehen«. Ob das wirklich so ist? Sie sei jetzt wohl eine »Scheißfrau«, schrieb sie mir. Mit Mike gebe es eigentlich keine Zukunft mehr, »aber ohne ihn, glaube ich, auch nicht leben zu können«.

Die Tatsache, dass man unter Verfolgungswahn leidet, bedeutet nicht zwangsläufig, dass man nicht auch tatsächlich verfolgt wird, heißt es so schön. Wer also seine kleine Neurose oder Störung kennt, so die Analogie, ist oftmals schnell bereit, einen Sachverhalt fälschlicherweise diesem Defekt zuzuschreiben. Dabei verhält es sich tatsächlich so. Mike lag also gar nicht so falsch, nur das Objekt seiner Eifersucht war nicht das richtige. Die Angst, verlassen zu werden, war nicht unbegründet, sondern real. Allerdings verschiebt er seine Angst wechselweise auf den Chef des Autohauses, den Promotion-Mann oder den Dozenten. Tatsächlich aber liegen die Gründe für seine Eifersucht ganz woanders. Er hat eigentlich Angst davor, für ein anderes Leben verlassen zu werden. Durch das Studium entgleitet Katja ihrem Freund, weil sie sich einer neuen Phase ihres Lebens zuwendet.

Andererseits braucht Katja stets einen Patienten als Liebesobjekt, einen Mann, der sie nicht nur bewundert, Bewunderung erfährt sie hundertfach in ihren Shows, sondern einen, der ein dickes Problem als Päckchen mit in die Beziehung bringt. Diese Last ist es, die sie für »emotionale Tiefe« hält. Nur wenn es voller Mühen ist, fühlt es sich an, als wäre es »echt«. Der Mangel als Ersatzprodukt echter Gefühle. Wenn es sich so anfühlt, »dann müssen es Emotionen sein«, denn echte, gegengeschlechtliche Gefühle kann sie nicht nur schlecht erkennen, sie sind ihr auch nichts wert.

Wer hat an der Entwicklung einer solchen Beziehung nun eigentlich Schuld? Die leicht hysterische Schöne, die süchtig danach ist, sich von Männern bewundern zu lassen? Oder der melancholische Muskelmann, der offensichtlich körperliches »Volumen« aufbaut, um sein schwaches Ich zu stärken? Seine Sehnsucht nach Nähe und Geborgenheit passt so gar nicht zu seinem Äußeren. Oder liegen die Gründe gar in der Kindheit der beiden, die wenig Zuneigung bekommen haben und sie sich nun – jeder auf seine Weise – bei ihrem jeweiligen Liebesobjekt »holen« möchten? Mike, indem er sich nach Verschmelzung und Nähe sehnt und dabei distanzlos ist, und Katja, die den abwesenden Vater ihrer Kindheit heute in immer neuen Männern sucht, die sie zwar als »Schwächlinge« verachtet, die sie aber gleichzeitig aus ihren prekären Lebensumständen retten möchte. Diesen Code hat sie nämlich als Kind gelernt: Wenn man einen Mann – wie den Vater – liebt, dann hilft man ihm aus der Gosse. Dass Eltern eigentlich ihren Kindern den Weg ins selbstbestimmte Leben zeigen, das hat sie, zumindest von ihrem Vater, nie erfahren.

Katja nutzt Mike aus, um sich in dessen Hingabe, Liebe, Zuwendung und Aufmerksamkeit permanent zu spiegeln. Mike versucht sich ganz und gar auf sie einzustellen, um sie an sich zu binden. Sein Motiv ist, das zu verhindern, was zugleich seine größte Angst darstellt: verlassen zu werden.

Grundlage des Optimismus ist blanke Angst.
(Oscar Wilde, Das Bildnis des Dorian Gray)

Warum uns die Liebe Angst macht

Einfach kompliziert

Angst bestimmt unser Leben. Sie bietet vielem eine Existenzberechtigung: Religionen, Sekten, Magie, Esoterik, selbsternannten »Life-Coachs«, Therapeuten, Bioprodukten, Versicherungskonzernen und nicht zuletzt der Wissenschaft, man denke nur an die Pharmaindustrie. Unser ganzes Leben lang versuchen wir, der Angst Herr zu werden, und entwickeln Gegenkräfte: Vertrauen, Courage, Hoffnung, Demut, Glaube, Erkenntnisse und natürlich die Liebe. Wobei uns kaum etwas so sehr ängstigt wie die Liebe. Denn sie ist der Schlüssel zu unserem eigenen Leben wie auch zu dem der anderen. Liebe ist nicht nur ein Gegengift, sie scheint mitunter gar der Ursprung aller Ängste zu sein. Gelernt und abgeschaut bei Vater und Mutter, die vorleben, was wir später als normal empfinden und mit unseren jeweiligen Partnern praktizieren. In der Regel, ohne zu ahnen, wer das Drehbuch zum Film des eigenen Lebens geschrieben hat.

Der Erfinder der Psychoanalyse, Sigmund Freud, hatte einen pragmatischen Zugang zur Angst. Er verstand darunter die Angst vor etwas Unbestimmtem. Wird die Angst auf etwas Konkretes bezogen, spricht man eher von Furcht. Der Furcht vor dem dunklen Wald, einer quiekenden Maus oder dem Mann, der einem um vier Uhr morgens allein im Park begegnet. Fällt also die Fixierung auf ein konkretes Objekt weg, sind wir wieder bei der Angst.

Wir haben andauernd vor irgendetwas Angst. Allerdings scheint es auch hier so etwas wie Moden zu geben. Hatten die Menschen vor Hunderten von Jahren Angst vor Naturkatastrophen, Hunger, Krankheit und Elend, so können heutzutage junge Mütter in Westeuropa schon in Schockstarre verfallen, wenn das Rindfleisch nicht »Bio« ist, der Nachwuchs das Bahnhofsklo mit der Hand berührt oder eine Frau eine Burka trägt. Allein, das Rindfleisch ist auch ohne »Bio« kein Gift, Bakterien bringen einen nicht um, und wer trifft schon täglich eine Frau in einer Burka auf der Straße?

Ängste sind also nicht nur weitgehend irrational, es gibt offenbar auch eine Art kollektive Verständigung über Ängste. Denn schalten wir mit Hilfe moderner Psychotherapie, technologischer Entwicklung oder medizinischem Fortschritt bestimmte Ängste weitgehend aus, so entstehen an anderer Stelle neue Ängste, wenn auch gelegentlich von mikrobischer Größe. Am Angstgefühl des Einzelnen ändert das wenig, nicht einmal von aufgeklärten Menschen, denen ein »Früher war alles besser« nicht gerade als Erstes über die stereotypbefreiten Lippen käme. Es ist wohl so, dass Ängste zu unserem Leben gehören, ja genaugenommen lebensnotwendig sind. Sieht man sich die technologischen Möglichkeiten (atomar und digital), die vielen Toten durch kriegerische Auseinandersetzungen und Terroranschläge und die Eingriffe des Menschen in die Natur (Gentechnologie, Cyborgs) an, kann man nur zu dem Schluss kommen, dass der Schrecken vor den Naturgewalten mittlerweile der Angst vor uns selbst Platz gemacht hat. Doch woher kommen eigentlich unsere Ängste?

Nach Sigmund Freud setzt sich die Psyche des Menschen – vereinfacht gesagt – aus drei Instanzen zusammen: dem »Es«, das ist das Unbewusste in uns, dem »Ich«, dem Bewussten in uns, und dem sogenannten »Über-Ich«, von dem viele Männer ganz sicher sind, es auf jeden Fall zu besitzen. Vereinfacht gesagt, handelt es sich jedoch um unser Gewissen, jenen verinnerlichten Teil unserer Persönlichkeit, der uns kontrolliert und mit mal leiser, mal etwas lauterer Stimme im Kopf sagt, was denn von den Dingen so zu halten ist. Ruhe jetzt!

Super-Nachrichten, denn wir können uns an allem unschuldig fühlen. Das »Es« handelt nach dem Lustprinzip. Unterbewusst! Äußere Reize werden umgewandelt in Bedürfnisse wie Essen, Trinken, Sex, Liebe, Hass, Konsum usw. Doch halt! Da meldet sich von oben das »Über-Ich« als moralische Instanz mit Geboten und Verboten, Vorsichtsmaßnahmen und unserem stetig schlechten Gewissen. Auch das »Über-Ich« wird von außen beeinflusst, nämlich durch gesellschaftliche Normen, durch unsere Erziehung, durch religiöse und ethische Aspekte. In der Mitte sitzt nun, vereinfacht gesagt, das arme »Ich« und ist damit beschäftigt, die von außen kommenden Impulse des »Es« und die kontrollierenden Vorgaben des »Über-Ichs« miteinander in Einklang zu bringen, um entsprechend zu reagieren. Das ist so, als würde man einen Tischtennisball zwischen zwei spritzenden Gartenschläuchen in der Mitte über einem Punkt zu halten versuchen. Diese Funktion des »Ichs« nennt man auch Kontrolle. Es ist unser kritischer Verstand, der den Trieb in Schach hält und zum Verzicht ermahnt oder wenigstens einen Aufschub durchsetzt, bis wir dann doch um 23 Uhr die Kühlschranktür öffnen und die komplette Vollmilch-Nuss inhalieren.

Korrespondierend zu diesen drei Instanzen der Psyche hat Freud drei Formen der Angst beschrieben. Da wäre zunächst die Primärangst. Sie hängt mit unserem Unterbewusstsein (dem »Es«) zusammen. Man geht davon aus, dass sie mit der Geburt einsetzt. Die Angst also als Erinnerung an diesen ersten schreckhaften Moment. Folgt man diesem Ansatz, so ist das ganze Leben nichts anderes als eine Abfolge von Traumata, an deren Ende der Tod quasi als Mutter aller Ängste steht. Wen wundert es da, dass viele Religionen, allen voran der Katholizismus, den Tod zugleich als Erlösung anbieten. Die Hoffnung ist seit jeher den Menschen Trost, Linderung und Hilfe bei der Bekämpfung ihrer Ängste.

Im Alltag kämpfen wir mit den Realängsten, die das »Ich« wahrnimmt. Dabei handelt es sich immer um die Angst vor einer Gefahr, die uns schon einmal begegnet ist. Jeder Mensch lernt, mit diesen Ängsten umzugehen. Die Reaktionen, die wir in der Realangst entwickeln, sind Angstausbruch und Schutzhaltung. Wir entscheiden instinktiv und situativ auf der Basis unserer bisherigen Erfahrungen sowie der eigenen Konstitution und Veranlagung, nach welchem »Mix« aus diesen beiden Reaktionen wir eine Gefahr abwehren. Das funktioniert in der Regel sehr gut, es sei denn, die Gefahr überfordert uns so sehr, dass eine Angstlähmung einsetzt, die dann auch die Schutzhandlung verhindert.

Die unterhaltsamste Form der Angst ist wohl, was Sigmund Freud die »neurotische Angst« nannte. Sie ist dem »Über-Ich« zugeordnet. Wobei der Unterhaltungswert eher dem einer Geisterbahnfahrt ähnelt. Rational wissen wir, da ist nichts, und dennoch haben wir Angst. Es handelt sich also um eingebildete Gefahren. In Freuds Theorie ist es – sehr verkürzt gesagt – so, dass die unbekannte Gefahr mit den Instinkten und den erlernten Risiken des Lebens eine Allianz eingeht. Das »Über-Ich« sendet sozusagen eine Meldung an das Angstzentrum, dass es eine Situation als moralisch unerträglich bewertet. Die neurotische Angst nennt man auch Phobie. Dabei ist es weniger wahrscheinlich, dass Phobien durch reale Erlebnisse getriggert werden, wie zum Beispiel Vorkommnisse in der Kindheit. Vielmehr nimmt man an, dass es sich hierbei um eine Verschiebung von Ängsten handelt, also um die Übertragung von abstrakten Zuständen auf Objekte wie beispielsweise Spinnen, Dunkelheit oder Aufzüge. Denn Spinnen sind grundsätzlich in Mitteleuropa harmlos, die Dunkelheit kann auch ein schützender Mantel sein, und Aufzüge stürzen eigentlich so gut wie nie ab. Es geht also um etwas ganz anderes. Wenn man unter Phobien leidet, ist es sicherlich spannend, in der eigenen Geschichte zu forschen, um den Grund dafür herauszufinden.

Und nun stellen Sie sich einfach vor, Sie treffen jemanden, den Sie sympathisch finden, der aber eigentlich nie seine Ängste und Phobien adressiert und damit in der Tiefe aufgearbeitet hat. Dieser Mensch hat stattdessen Ersatzetiketten gefunden, so eine Art »Phobien-Post-it«, und sie an Objekte des Alltags geheftet: Angst vor Ausländern, weil sie einem den Job wegnehmen, Angst vor dem Fliegen, weil die Flugzeuge abstürzen, oder Angst vor Schlangen, weil sie durch die Abflussrohre kommen und aus der Toilette winken könnten.

Fragt man sich, wie man solche Phobien entwickeln kann, ist beispielsweise die kindliche Urangst heranzuziehen, von der Mutter verlassen zu werden. Das Kind sieht sich seiner Situation schutzlos ausgeliefert, denn es kann sie selbst nicht verändern, es ist abhängig von der Mutter. Allen Phobien ist gemein, dass sie mit Kontrollverlust zu tun haben, die Handlungsebene gehorcht dann nicht mehr dem Verstand bzw. die Realität leitet sich nicht mehr aus der Ratio ab. Die Situation wird also im eigentlichen Sinne »irr-rational«.

Auch wenn man schnell mal sagt: »Der Peter ist ein Meister der Verdrängung«, so ist wohl eher gemeint, »er ist ein Meister der Verschiebung«. Denn wir eliminieren unsere Ängste nicht, indem wir uns mit ihnen auseinandersetzen oder gar erforschen, woher sie kommen, lieber verschieben wir sie in einen anderen Kontext. Denn es ist greifbarer, sich vor einem konkreten Objekt zu fürchten, als sich vor einem abstrakten Zustand zu ängstigen. Noch mal zurück zum Beispiel mit dem Kind, das Angst davor hat, von der Mutter verlassen zu werden: Es verschiebt diese Furcht auf die Dunkelheit, die schließlich immer dann eintritt, wenn die Mutter das Kind abends zu Bett gelegt hat und dann das Zimmer verlässt. Dieser Kontrollverlust kann unser ganzes Leben beeinflussen.

Auch wenn uns Phobien schon seit Jahren quälen, wissen wir in der Regel nicht, was die Gründe dafür sind, und kümmern uns auch nicht darum, das herauszufinden. Stattdessen überspielen, leugnen, betäuben oder verschieben wir, was das Zeug hält, und beschleunigen damit jene Spirale, die es immer schwieriger macht, den Knoten zu lösen. Mit diesem Wirrwarr an innerer Verstrickung treten wir dann auch noch einem anderen Menschen gegenüber, der wiederum von eigenen Angstmustern geprägt ist – voll froher Erwartung, dass er gut zu uns passt.

Ängste sind also so vielfältig wie die Menschen, die sie in sich tragen. Wenn es nun darum geht, den richtigen Partner zu finden, ihn zu halten und an einer Beziehung zu arbeiten, dann wird uns oft der Rat erteilt, doch bitte schön bei uns selbst mit der Erkenntnis, der Aufarbeitung und der »Reinigung« zu beginnen. Denn, so haben wir alle irgendwann schon einmal gehört, es sei doch viel leichter, sich selbst zu ändern als den anderen. Wer sich selbst verändert, zwingt sein Gegenüber geradezu, sich den neuen Spielregeln anzupassen, wenn nicht, dann ist eben die Trennung eine unvermeidliche Konsequenz.

»Du musst ein besserer Mensch werden«, »Du musst mit dir klarkommen«, »Du musst dein Selbst optimieren« – das sind Sätze, die zum Mantra einer Psycho-Industrie geworden sind. Sie umfasst vom ernsthaften (und unbestritten wirksamen) Therapeuten über den Scharlatan, der an drei Klangschalen klöppelt, und ausbeutende Sekten bis hin zu den monetär ausgerichteten »neuen Glaubensrichtungen« ein ziemlich buntes Spektrum. Es ist ein Milliardengeschäft, auf das wir reinfallen, weil wir unsicher und nicht wirklich perfekt sind und dem Zeitgeist entsprechend glauben, alles bedürfe einer Rationalisierung und Optimierung, auch die eigene Seele.

Bevor Sie sich der Schnappatmung hingeben: Natürlich ist es sinnvoll, sich mit sich selbst zu beschäftigen, sich zu erkennen, sich besser zu verstehen. Möglicherweise muss man sich aber nicht gleich vollständig umkrempeln. Sigmund Freud nannte die Fähigkeit, sich selbst und sein Tun zu reflektieren, »Introspektion«.

Das alles bringt in einer Beziehung aber wenig, wenn sich der Partner verweigert. Dann kann man zwar sagen: »Ohne mich«, aber wer macht das schon? Eben. Und mehr noch: Wieso sind es eigentlich immer die Frauen, die offen dafür sind, sich zu verändern, an sich zu arbeiten und Bücher wie dieses zu lesen? Frauenzeitschriften sind voll von Ratschlägen, wie man den Kerl bei der Stange hält, die richtige Kleidung wählt (»nicht zu sexy beim ersten Date!«) oder die Beziehung retten kann. Und was hat es mit so esoterischen Kalendersprüchen auf sich wie »Liebe ist der Seele Kraft, sie erreicht, was der Verstand nicht schafft«?

Wenn auch Sie sich schon einmal gefragt haben, bei wem diese ganzen Pseudoratschläge eigentlich funktionieren, bei Ihnen jedenfalls nicht, dann hat das wohl damit zu tun, dass sie oft geschrieben und gefordert, aber in der Realität nur einseitig gelebt werden. Als »verbale Aufgeschlossenheit bei weitgehender Verhaltensstarre« bezeichnete der unlängst verstorbene Soziologe Ulrich Beck dieses Verhalten moderner Männer.

Denn die interessiert das alles weniger, funktionieren sie doch eher wie eine gutgebaute Waschmaschine: Da läuft zuverlässig stets das gleiche Programm ab. Wille zur Änderung? Warum denn? Sechzig Grad passt doch immer.

Dem rufen wir ein fröhliches »Carpe Diem« hinterher und beschäftigen uns einmal mit der Frage, ob es angesichts dieser Verhaltensstarre der Männer nicht sinnvoll sein könnte, bereits im Vorfeld zu analysieren, mit was für einem Mann man da gerade im Begriff ist, sich einzulassen. In großen Firmen nennt man die nähere Betrachtung eines Kandidaten »Assessment Center«. Das ist ein Auswahlprozess, der erstaunlich gut funktioniert.

Wieder Schnappatmung? Beruhigen Sie sich! So kalt, wie es klingt, ist es gar nicht gemeint. Sie gehen schließlich mit einer neuen Liebe keine Geschäftsbeziehung ein. Dass es möglicherweise dennoch eine war, erfahren Sie dann gegebenenfalls beim Scheidungsanwalt. Nein, hier ist gemeint, den Partner, befreit vom Offensichtlichen, so zu erfassen und zu begreifen, wie er tatsächlich ist. Denn über den Sechzig-Grad-Typ kann man zwar lachen, aber man kann einem Hai nicht vorwerfen, kein Delphin zu sein. Viele Frauen suchen aber einen Hai und wundern sich dann, wenn sich dieser – potz Blitz! – auch so wie ein Hai verhält. Die stille Hoffnung mancher Frauen, eine verlorene Seele bekehren zu können, mag gelegentlich ein Motiv für eine solche Wahl sein. Viel häufiger aber findet man so einen Hai einfach sexy, geht ein paarmal mit ihm aus, dann ins Bett, und irgendwie ist dann »so etwas wie eine Beziehung« daraus geworden. Nun wird abends gekocht und sonntags beim *Tatort* gekuschelt. Da erwartet Frau dann gern die Loyalität und Alltagstauglichkeit eines Delphins. Um im Bild von Freud zu bleiben: Zuerst war das »Es« untenherum heiß auf den Hai, und nach einiger Zeit verlangte das »Über-Ich« nach einem Delphin. Denn den findet auch Mutti gut. Irgendwie ist man da einmal wieder so »reingeschlittert«, statt vorher genau hinzusehen und zu wissen, was man da gerade wählt. Ängste – unsere eigenen und die des Partners – sind dabei der Schlüssel zur Erkenntnis.

Um mein Modell zu illustrieren, ordne ich die zahlreichen, komplexen Angststrukturen vier Persönlichkeitstypen zu und lehne mich dabei an einen therapeutischen Ansatz an, den der deutsche Psychoanalytiker Fritz Riemann 1961 in seinem aufsehenerregenden Buch *Grundformen der Angst* das erste Mal vorgestellt hat. Riemann verzichtet auf die Unterteilung in ungegenständliche Angst und objektbezogene Furcht, wie sie Sigmund Freud eingeführt hat, und beschränkt sich darauf, vier Angsttypen zu skizzieren. Ich erlaube mir, seinen Ansatz aufzugreifen und auf Paarbeziehungen zu übertragen. Dabei muss ich mir zuerst über meine eigenen Ängste im Klaren sein, um mich insofern als Typ zuordnen zu können. Dann kann ich meinen Partner – wie auch mich selbst – begreifen, und als Nächstes erschließt sich mir dann, warum die Dinge »immer schwierig« sind, warum man stets an den »gleichen Mustern« scheitert oder die Sache gar alle paar Wochen im Chaos endet.

Die naheliegende Pauschalkritik, dass Pauschalisierungen zu pauschal sind, weise ich an dieser Stelle als zu pauschal zurück. Mir geht es nicht darum, einen empirisch-wissenschaftlichen Nachweis über ein Phänomen zu führen. Ich möchte Paaren dabei helfen, komplexe zwischenmenschliche Strukturen besser zu durchschauen – mit einem Modell, das leicht im Alltag anzuwenden ist. Möglicherweise erscheinen Ihnen meine Hinweise und Quellen als zu »psychologisch«, als Worte aus der Welt von »Störung«, »Krankheit« oder »Klapsmühle«. Das ist allerdings nur eine Frage der Akzentuierung der Begriffe. Ersetzt man zum Beispiel das Wort »Angst« durch »Unsicherheit«, dann ist das, was ich sage, von einer Allgemeingültigkeit für ganz normale Paare in ganz gewöhnlichen Situationen.

In der Folge stelle ich Ihnen vier Typen vor, jeweils zwei gegensätzliche »Personas«, also Rollencharaktere, die sich im Hinblick auf ihre Verhaltensmuster gegenüberstehen:

– der Verlässliche und der Erlebnishungrige
– der Fürsorgliche und der Einzelgänger

Klingt auf den ersten Blick gut, kann aber erhebliche Sprengkraft in einer Beziehung entwickeln.

Nehmen wir den Verlässlichen: in geringen Dosen

wunderbar. Das unterschreibt jeder Single. Wer will nicht einen verlässlichen Partner? Immer pünktlich, hat die Hausratversicherung im Griff und macht auch den Klodeckel runter. Kann aber auch sein, dass der Kerl einfach unglaubliche Angst vor Veränderung hat, daher Kontrolle liebt, dreimal die Herdplatte prüft, bevor er aus dem Haus geht, und die Krise bekommt, wenn die Dekoration im Wohnzimmer verschoben wird. Nach dem Sex springt er auf, rennt ins Bad und wäscht erst einmal alles ab. Orgasmus hat bei ihm mit schlechtem Gewissen zu tun. Seine extreme Erscheinungsform ist das Zwanghafte, seine Angst das Ungewisse, das Ungeplante. Der Mann ist IT-Programmierer, Techniker, Professor oder Ingenieur, er arbeitet als Jurist oder als Beamter. Wir nennen diesen Typ den »Analysten«. Seine Motivation ist Kontinuität und »Dauer«.

Ihm gegenüber steht der Erlebnishungrige, ein unterhaltsamer Strahlemann. Immer gut drauf, jede Menge Kumpels, da wird gegrillt, Fußball geschaut, jedes Wochenende ist eine andere Hochzeit von Freunden, es wird viel gelacht, es herrscht immer gute Stimmung, Mädels, an jedem Finger eine, das Leben ist – olé, olé! – eine einzige Party, und gearbeitet wird, dass die Schwelle zum Jobverlust gerade noch mit Müh und Not hält. Dennoch hat er alle paar Monate eine neue Stelle, aber »Hey, was soll's, das Leben ist zu kurz, um in einem Büro zu versauern«. Ein Mann wie ein Nachmittag am Surfer-Beach. Kann aber auch sein, dass der Kerl einfach unglaublich Angst vor der Vergänglichkeit des Lebens hat. Nach dem Motto, der Tod lauert überall, hoffentlich bekomme ich das meiste aus meinem Leben heraus (auch wenn es mir genaugenommen gar nicht zusteht). Sex bezieht sich bei ihm nicht auf die Partnerin, sondern auf die Situation. Eine geile Szene muss her, ein filmreifer Auftritt. Gruppensex, Pärchentausch, High Mile Club (Geschlechtsverkehr in einem Flugzeug) oder Sex mit der Trauzeugin der Braut hinter dem Altar. Action, Alter! Seine extreme Erscheinungsform ist der Hysteriker, ein Angeber, Blender und Schaumschläger. Seine Storys sind nie ganz wahr, die Erlebnisse meist so erfunden wie die Zeugnisse und Urkunden, die Finanzlage ist schlechter, als die Fake-Rolex es vermuten lässt, und der Porsche sowieso geleast. Seine Angst ist die Erstarrung, die Endgültigkeit, die Endlichkeit des Seins. Der Mann arbeitet als Verkäufer oder Vertriebsleiter, ist Immobilienmakler, Moderator, Hoteldirektor oder Schauspieler. Wir nennen diesen Typ den »Sonnyboy«. Seine Motivation ist die narzisstische Beantwortung und der »Wechsel«.

Nun zum Fürsorglichen. Ein wunderbarer Partner, fast ein Butler. Aufopfernd, liebevoll, umsorgend. Ein Mann wie eine Wärmflasche, selbstlos und geduldig. Endlich mal einer, der zuhört, gern kocht, Sinn für ein gemütliches Zuhause hat, einkauft und nach einem langen Tag tröstende Worte findet. Kann aber auch sein, dass der Kerl einfach unglaublich Angst vor dem Verlassenwerden hat. Nach dem Motto: Wenn ich meine eigenen Bedürfnisse, mich, mein Ego zu stark in den

Vordergrund stelle, dann schreckt es andere ab, und ich werde nicht geliebt. Sex hat bei ihm keinerlei aggressive Komponente, da wird geölt und massiert oder sich bei Trantra-Dings einfach gar nicht berührt. Alles ganz platonisch! Seine extreme Erscheinungsform ist das Depressive, das Melancholische, seine Angst ist Isolation, Ablehnung und Einsamkeit. Der Mann arbeitet im gemeinnützigen Bereich, ist Yoga-Lehrer, Krankenpfleger, Pädagoge oder Gärtner. Wir nennen diesen Typ den »Diener«. Seine Motivation ist die Verschmelzung und maximale Nähe.

Ihm gegenüber steht der Einzelgänger. Ein Hai, ein Macker, ein Machtmensch. Kommt daher mit seinen enggeschnittenen Anzügen und italienischen Maßhemden, Sonnenbrille, sagt nicht viel, introvertiert, messerscharfer Verstand, kontert schnell und hart, eine geile Sau. Sensationell, den will man im Bett haben, im wahrsten Sinne des Wortes eine Injektion mit dem Serum der Macht empfangen. Kann aber auch sein, dass der Kerl einfach unglaublich Angst vor Menschwerdung hat. Nach dem Motto, wenn ich mich hingebe, löst sich meine Identität auf. Sex hat bei ihm mit Benutzen zu tun. Seine extreme Erscheinungsform ist das Schizoide, also das abgespaltene Selbst, seine Angst ist der Ich-Verlust, denn er scheint deutlich stärker, als er in Wahrheit ist. Der Mann ist Berater, Vorstand, Banker, Investor oder Unternehmer, ein Machtmensch mit geölten Synapsen und scharfem Instinkt für die Schwächen seines Gegenübers. Wir nennen diesen Typ den »General«. Seine Motivation ist Individualität und »Distanz«.

Natürlich kann man diese vier Personas nicht nur auf Männer anlegen, auch wenn das unbestritten einen gewissen Unterhaltungswert bietet. Selbstverständlich haben Frauen vergleichbare Angstmuster, sie drücken sich nur etwas anders aus, und die Zuordnung, also die Gewichtung, der Typen ist – so meine ich – doch etwas anders. Möglicherweise finden sich unter Frauen etwas weniger »Sonnyboys«, dafür aber mehr »Dienerinnen«, auch wenn man sich das im Sinne einer wünschenswerten Gleichberechtigung eigentlich nicht eingestehen möchte.

Von Haien und Delphinen

Irgendwie kann man sich manchmal des Eindrucks nicht erwehren, dass Klischees einen wahren Kern beinhalten. Zum Beispiel, wenn man in einem größeren Unternehmen an einem ganz normalen Meeting mit Mitarbeitern teilnimmt. Ein ehemaliger deutscher Bundesminister erzählte mir einmal von seinen nächtlichen Krisensitzungen. Da hatten Teams aus Männern und Frauen Konzepte und Ministerialvorlagen erstellt und bis spät in die Nacht gearbeitet. An einem Freitagabend dann gab der Minister für die Überstunden einen Drink aus. Im großen Saal des Ministeriums fanden die Kollegen sich zusammen. Die männlichen Beamten standen breitbeinig in der Mitte des etwas zu großen Saales, und die Frauen platzierten sich bescheiden am Rande des Raumes auf Stühlen. Die Männer nutzten die Gelegenheit, den Minister auf sich aufmerksam zu machen, die Frauen warteten eher darauf, von ihm angesprochen zu werden. Dabei war es gerade in diesem Fall ein Frauenteam, das den größten Anteil an den Meriten des Krisenmanagements hatte. Der Minister, der die Situation durchschaute, fand es aber unangemessen, die Frauen auf ihr wenig selbstbewusstes Auftreten hinzuweisen. Und so waren es wieder einmal die

»Golden Boys«, die ihre Chance nutzten, dem Chef zu erzählen, was sie eigentlich doch für tolle Kerle sind.

Daraus kann man sicherlich keine generelle Regel für das Zusammenleben zwischen Männern und Frauen ableiten. Und doch zeigt sich eine Tendenz. Anders gesagt: Natürlich ist das ein Klischee. Aber vielleicht sind Stereotype nicht zuletzt deshalb so beliebt, weil sie oft einfach treffend sind.

Im Folgenden wird es darum gehen, zu erkennen, welchen Typ man gerade vor sich hat. Richtig ist aber auch, dass man diese Erkenntnis nur dann verwerten kann, wenn man eine Idee davon hat, welcher Persona man selbst zuneigt und wie sich beide dann im Zusammenspiel einer Partnerschaft verhalten werden. Dazu möchte ich – der Einfachheit halber – nochmals das Beispiel von den Delphinen und den Haien bemühen. Um im Bild der zuvor beschriebenen Typen zu bleiben, gehen wir nun einfach einmal davon aus, dass der »General« und der »Sonnyboy« Haie sind und der »Analyst« und der »Diener« folgerichtig eher zur Kategorie der »Delphine« gehören. Diese Zuordnung erlaubt es vor allem auch, einmal zu überprüfen, zu welcher Kategorie man sich denn selbst zählt.

Spannend wird die Sache, weil Soziologen und Psychologen herausgefunden haben, welche Typen sich häufig zu Paaren zusammentun, was allerdings noch nicht bedeutet, dass sie auch langfristig zusammenpassen. So weicht ein Mensch mit hysterischen Zügen, also der Blender und Sonnyboy, einem General mit seinen distanziert-schizoiden Zügen instinktiv aus. Zum einen durchschaut der General die Bluffs des Blenders viel zu schnell, zum anderen ist er weder willens noch in der Lage, die narzisstischen Bedürfnisse des Sonnyboys angemessen zu befriedigen. Und so ist er dann auch bald nicht mehr für den Typ »Wechsel« von Interesse, weil er kaum die notwendige Begeisterung und Bewunderung aufbringt.

Vielmehr sind es der melancholische Typ »Nähe« und der Sonnyboy, die sich gegenseitig magisch anziehen. Der Narzisst braucht einen Partner, der ihn »beantwortet«. Er sucht diese Reflexion wie in einem Spiegelbild, und der andere ist dabei wortwörtlich ein Diener dieser Bedürfnisse, sozusagen dessen lebender Spiegel. Beim Blender handelt es sich also um einen Dorian Gray, der nicht liebenswert sein will, sondern dem es genügt, als liebenswert angesehen zu werden. Ein Erfolgsmensch, der keine Erfolge erarbeiten möchte, sondern dem es genügt, als erfolgreich wahrgenommen zu werden. Ein Narzisst, dessen Eigenliebe einer permanenten Zufuhr von Bestätigung bedarf. Umgekehrt braucht der melancholische Diener auch eine Form der Beantwortung, nämlich jene seiner nicht erfüllten Bedürfnisse nach Nähe, Verständnis, Zuwendung und Liebe. Der Mangel ist nur scheinbar der gleiche. Möglicherweise finden sich da zwei in einem Kinderschmerz oder anderen prägenden Erlebnissen, doch könnte das Komplementäre nicht weiter voneinander entfernt sein. Es fühlt sich ähnlich an, was die Partner aber brauchen, können sie einander nur sehr bedingt geben.

Natürlich funktioniert die Kombination auch zwischen dem distanzierten General, der wenig Bezug zu seinen eigenen Gefühlen hat, und dem Nähe suchenden »Diener«, der versucht, ihm mit Unterwerfung und Genügsamkeit gerecht zu werden, der seine Fehler und Aggressionen ausgleicht und permanent hinter ihm die Scherben zu Bruch gegangener Beziehungen aufkehrt. Noch lieber tut sich der General allerdings mit dem Analysten zusammen bzw. umgekehrt der Analyst mit dem General. Denn das emotional Reduzierte, die Konzentration auf Regeln, Ordnung und Gebote, kommt dem Distanz suchenden General entgegen. Man »versteht« sich.

Die Kombination Blender und Diener bzw. General und Analyst kann von recht langer Dauer sein. Das hat mit der unendlichen Leidensfähigkeit des Dieners zu tun, der große Bereitschaft zeigt, sich durch den hysterischen Blender lange überfordern zu lassen und seine eigenen Bedürfnisse in den Hintergrund zu stellen.

Spannend wird das Ganze, wenn man die Aufstellung nun umkehrt. Denn natürlich gibt es nicht nur männliche Haie, sondern auch weibliche. Die suchen sich dann oftmals eher weiche Männer, die wir hier also als Delphine bezeichnen.

Auch hier ist der prägnanteste Charakter die weibliche Blenderin. Wobei man bei Frauen eigentlich nicht

Vier Angsttypen*

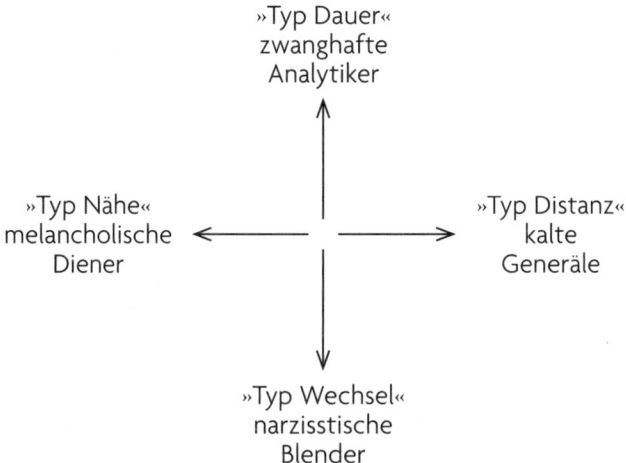

»Typ Dauer«
zwanghafte
Analytiker

»Typ Nähe«
melancholische
Diener

»Typ Distanz«
kalte
Generäle

»Typ Wechsel«
narzisstische
Blender

* Angelehnt an Fritz Riemann.

von Blendern spricht, sondern eher sachlich von »narzisstischer Störung«. Früher sprach man bei Frauen in diesem Zusammenhang von einer Hysterie oder einer histrionischen Persönlichkeitsstörung. Doch bleiben wir bei den einprägsamen Zuschreibungen und nennen diesen Typ Frau die »Königin«. Beispiele gibt es dafür reichlich, nicht zuletzt in der Literatur. Scarlett O'Hara aus *Vom Winde verweht* ist so eine Persona. Ihr Rhett war allerdings auch nicht von schlechten Eltern. Schon 1936, als der Roman erschien, ein geradezu richtungsweisendes Buch über unsere Geschlechtergegenwart, in der das narzisstische Promipaar eher die Regel als die Ausnahme darstellt. Ganz nach dem Motto: Gemeinsam sind wir unerträglich. Da wird für eine gewisse Zeit das schwache Selbstwertgefühl gegenseitig im grellen Blitzlichtgewitter aufpoliert. Irgendwann war es das dann mit dem Ego-Nutzen, der nächste Partner ist dran. Was innen emotional hohl ist, kann man eben leichter austauschen.

Die hysterisch-narzisstische Frau sucht sich – ebenso wie der selbstbezogene Mann – gern einen schwachen Partner, einen Diener, der hauptsächlich zur Bespiegelung des Selbst dient. Im Gespräch mit einer Leserin aus Wien fand ich heraus, dass der Diener der sexuell aktiven Frau ihr eigener Therapeut war. Der wusste natürlich von ihrer Störung, und sie spielte in der wöchentlichen Sitzung mit diesem Umstand. Am liebsten erzählte die attraktive Endzwanzigerin ihm dann in allen Einzelheiten, wie sie sich wieder einmal in einem

Hotelzimmer zehn Männern beim »Gang Bang« hingegeben und diese Form der Bewunderung und Aufmerksamkeit zutiefst genossen hat. »Psycho-Porno« nannte sie dieses Spiel, das zwischen ihr und ihrem Therapeuten über Monate lief.

Frauen dieser Gefahrengutklasse sind eine Top-Falle für schwache Männer, insbesondere, wenn diese dazu neigen, die zumeist gutaussehenden, seit der Kindheit auf das Schema der »hübschen Tochter« konditionierten und äußerlich bestens »getrimmten« Frauen zu vergöttern. Dabei ist es eben keinesfalls so, dass sich diese Frauen notwendigerweise auch einen besonders attraktiven Mann suchen. Im Gegenteil, oftmals handelt es sich um einen äußerlich, intellektuell oder auch sexuell deutlich unterlegenen Kerl, der aber permanent Lob, Zuspruch, Komplimente und Aufmerksamkeit spendet. Außerdem kommt angesichts eines schwächeren Mannes gar nicht erst der Gedanke auf, er könne sich womöglich eine andere »Königin« suchen.

Eindeutiges Merkmal, dass es sich um die Kombination »Königin mit Diener« handelt, ist der Satz »Mein Freund ist so wahnsinnig eifersüchtig, das nervt total!«. Klar ist der eifersüchtig. Sie ist ihm überlegen, und er grübelt, wie er überhaupt an dieses gutaussehende »Geschoss« geraten sein konnte. Vielleicht alles nur »Kismet«, so wie der freie Parkplatz samstags in der überfüllten City, eine Verirrung der Sinne bei der Angebeteten? Und weil Männer meistens ihrer Sache total sicher sind, aber eben nie so ganz, muss er es ausprobieren und beginnt nun eine Affäre mit der Sekretärin oder der Krankenschwester oder ihrer besten Freundin. Denn er braucht die Bestätigung, dass er es ist, der zum Zuge gekommen ist, und nicht der Zufall. Es war aber weder er noch der Zufall, zum Zuge kam einzig ihre Sucht nach Aufmerksamkeit und Drama. Was passt da besser als ein Mann, der schon vor Wut explodiert, wenn sie einen Minirock anzieht. Action, Baby!

Anders gesagt: Attraktive Frauen, die meinen, ein älterer, schlechter aussehender oder sonst irgendwie unterlegener Mann sei geradezu eine »Versicherung« gegen das Fremdgehen, tappen genau in jene Falle, die sie eigentlich mit diesem strategischen Vorgehen zu vermeiden suchten. Je größer die Diskrepanz, je deutlicher das Ungleichgewicht, desto höher der »Druck« auf Seiten des unterlegenen Mannes zu einer Bestätigung, die ihr Ventil im Fremdgehen findet.

Das Schaubild verdeutlicht jene Charaktere, die sich in »Nähe« und »Distanz« sowie in »Dauer« und »Wechsel« unmittelbar, also im Hinblick auf ihre Eigenschaften, gegenüberstehen. Davon abweichend finden sich gleichwohl die bereits beschriebenen Kombinationen als Paarbeziehungen anziehend. An dieser Stelle sei nochmals gesagt, dass es selbstverständlich alle denkbaren Konstellationen gibt. Auch ist es keinesfalls so, dass alle Menschen »glasklar« diesen vier Typen zuzuordnen sind, vielmehr stellen wir alle eine Mischung aus diesen Charaktereigenschaften dar, wovon jedoch eine »Persona« in der Regel deutlicher heraussticht als die anderen. So ist die Identifizierung eines Typs bei manchen Menschen relativ leicht, bei anderen muss man genauer hinsehen, und bei wieder anderen ist die Sache gar nicht so einfach zu durchschauen, weil die Personen über Jahre gelernt haben, ihr Wesen hinter Rollen oder Routinen zu maskieren.

Dieses Buch ist ein Ratgeber für Paare, und so werden an dieser Stelle die gängigsten Muster im Kontext von Liebe und Beziehung vorgestellt. Wenn Sie nun sagen: »Betrifft mich aber nicht«, dann kann die Einschätzung »Das ist bei mir alles ganz anders« auch grundlegend falsch sein, weil man möglicherweise selbst nicht unmittelbar erkennt, dass man zum Beispiel gar nicht das »Opfer«, sondern vielmehr der »Täter« ist. Möglicherweise also gar ein weiblicher »Scheißkerl«. Viele Frauen haben zudem gelernt, ihre »Taten« viel geschickter zu kaschieren, als Männer je dazu in der Lage wären, nicht zuletzt vor sich selbst. So ist zahlreichen Leserinnen, mit denen ich gesprochen habe, nicht klar gewesen, dass sie als selbstverliebte »Königin« Männer immer wieder aktiv benutzen oder als Generalin gar einen gutmaskierten Männerhass hinter ihren vordergründig weiblichen Handlungen – zum Beispiel einer expressiven Sexualität – verstecken.

Im Folgenden stelle ich, abweichend vom »Typen-Modell«, die »bekanntesten« Paare einander gegenüber:

- den Einzelgänger, General, »Typ Distanz«, und den leicht zwanghaften Analysten vom »Typ Dauer«

sowie die häufige Kombination

- den narzisstischen Blender (oder die hysterisch-selbstverliebte »Königin«) vom »Typ Wechsel« und den melancholischen Diener mit seiner Angst, verlassen zu werden, also den »Nähe« suchenden Typ.

Natürlich können Männer und Frauen Haie und Delphine sein, aber es ist sicherlich nicht zu weit hergeholt, wenn man behauptet: Die männlichen Haie bereiten den meisten Ärger. Mit den Delphinen ist das Leben vielleicht nicht ganz so spannend, aber die Natur der Dinge lässt eine Partnerschaft mit einem ausgleichenden, langmütigen, weniger aggressiven und eher wechselscheuen Delphin deutlich dauerhafter gestalten. Ärger bereiten also meist die Haie. Das Problem dabei: Es fühlt sich einfach so gut, so sexy, so »lecker« an.

Konzentriert man sich auf die Problemtypen der Kategorie Hai, so gilt es zu untersuchen, ob man eher einem Einzelgänger, also einem distanzierten General, oder dem anderen Hai-Typ, dem Blender und Sonnyboy, verfallen ist. Man kann beide ganz gut unterscheiden, auch wenn man nicht alle hier genannten Charaktereigenschaften im Kopf behalten hat. Denn:

**Das Problem des Generals ist das DU,
das Problem des Blenders ist das ICH.**

Egal, welchen der vier Typen Sie nun in der Folge identifizieren werden, der gemeinsame Nenner und der Schlüssel zu den hier vorgestellten Personas ist die Angst. Sehen wir uns also die vier Angsttypen etwas genauer an.

»Das habe ich getan« sagt mein Gedächtnis.
Das kann ich nicht getan haben –
sagt mein Stolz und bleibt unerbittlich.
Endlich – gibt das Gedächtnis nach.
(Friedrich Nietzsche, Jenseits von Gut und Böse)

Vier Angsttypen,
die Sie kennen sollten

Der General

Macker oder:
Die Furcht des Fallenlassens

Es gibt Menschen, denen macht kaum etwas mehr
Angst, als sich hinzugeben. Sie spalten ihre Gefühle
ab und bleiben so unnahbar. Wir wollen sie Menschen
vom »Typ Distanz« nennen. Sie sind faszinierend, anziehend, unberechenbar, kurzum, wirklich spannend.
Leider ist es aber ein echter Horror, wenn man eine
dauerhafte Beziehung mit ihnen anstrebt.

Sicher, wir alle hegen den Wunsch, als Individuum wahrgenommen zu werden. Es ist schön, wenn der Empfangschef im Hotel uns direkt mit Namen anspricht, auch wenn er diesen von einer Liste abliest. Viele Online-Dienstleister haben die persönliche Ansprache in Mails zur Religion erhoben. Zwar wissen wir, dass sie automatisch generiert wird, aber es kommt dennoch gut an. Individualität ist Teil unserer christlich geprägten Kultur, anders übrigens als in Japan, wo die Gemeinschaft einen deutlich höheren Stellenwert besitzt. Auch biologisch ist die Einzigartigkeit jedes Menschen aufgrund seiner DNA nicht von der Hand zu weisen. Wir sind aber auch Herdentiere, die den sozialen Kontakt suchen und die Gruppe, die Gemeinschaft, die Menschlichkeit schätzen und pflegen.

Der General ist an anderen Menschen wenig interessiert. Weil ihm dies jedoch gesellschaftliche Nachteile bescheren würde, hat er gelernt, sein Manko zu kaschieren. Er kann gewinnend, unterhaltsam und charmant sein, er ist ein gerngesehener Gast, ein brillanter Redner und ein einfallsreicher Gastgeber. Doch alles ist nur Fassade. In Wirklichkeit empfindet er es als schrecklich, sich auf einen Partner einzulassen, es ist für ihn, als würde er sein eigenes Ich aufgeben. Wenn ich meinen Gefühlen freien Lauf lasse, meint der General, dann ziehe ich den Kürzeren.

Das Streben nach Unabhängigkeit, der Wunsch, aus der Masse herauszustechen, und die Vorstellung, sich selbst genug zu sein und niemandem verpflichtet, sind die Maximen, die das Handeln des Generals prägen. Möglicherweise ist sich der General seiner Unzulänglichkeiten insgeheim bewusst und wünscht sich Nähe, Partnerschaft und Liebe ohne tiefere Absicht. So beginnt er jede Paarbeziehung mit einem inszenierten Rausch, den er selbst gar nicht erleben kann, weil er dazu viel zu kontrolliert ist. Da regnet es rote Rosen, werden Reisen auf die Malediven geplant, und die neue Flamme wird durchaus auch dem Freundeskreis oder sogar den Eltern vorgestellt. Alles Signale, die die Angebetete später in völlige Ratlosigkeit versetzen: »Aber er hat mich doch sogar seinem besten Freund / seiner Mutter / seinen Eltern vorgestellt! Das muss doch etwas zu bedeuten haben, sonst macht man das doch nicht.« Nein: Er hat leider nur sich selbst und seiner Partnerin vorgemacht, dass er in der Lage ist, das zu tun, was man von einem Mann im Erwachsenenalter eben erwartet: eine Beziehung zu beginnen, aufzubauen und zu führen. Doch eben gerade diese Fähigkeit besitzt der General nicht. Und zwar nicht nur privat, auch im Beruf kann er keine wirklichen Beziehungen aufbauen.

Im Beruflichen sind die Dinge anders gelagert. Hier wird aggressives Voranschreiten eines Einzelnen als Heldentat gefeiert, hier geht es um Erfolg, Rationalität, um den Abschluss eines großen Geschäfts, um die Rendite. Wie man an die Spitze kommt, ist fast unerheblich, den Rest besorgt das »Human Ressources Department«, das von »Team-Building« schwafelt und in den hinteren Reihen die Tränen von den Bürostühlen wischt. In teuren Seminaren sprechen Topmanager zwar gerne über Emotionen, in der Firma aber handeln sie eiskalt.

Distanz, Abstand, Abwehren von Nähe – das ist der Dreiklang der distanzierten Persönlichkeit. Es gibt wohl ein »Einlassen« auf andere, jedoch ist es stets kontrolliert und wohldosiert. Ein Mann, der durch Kälte auch Bewunderung hervorruft und sehr genau weiß, wie viel Nähe er zeigen muss, um sein Ziel zu erreichen. Und hat er dann sein Ziel erreicht, dann ist er wie ausgewechselt: Er braucht Abstand und zeigt, dass der für ihn notwendige Puffer unterschritten wurde – eine Bedrohung! Diese Gefühle überstrahlen dann alle anderen Emotionen. Der General sieht alles nur noch durch den Filter seines Unabhängigkeitsbedürfnisses, er glaubt, der eigene Lebensraum sei völlig eingeengt.

Wo andere »einlassen« meinen, versteht er »auflassen«, »auflösen«. Die Folge ist, dass er eine Mauer um sich baut, die Schutzhaltung eines emotional Unfähigen, der dies aber weder von sich weiß noch es anderen kommunizieren könnte. Stattdessen werden Kontakte zurückgefahren oder ganz gemieden, Anrufe verweigert, SMS erst nach Tagen beantwortet und Notebook oder iPhone zu letzten verschlüsselten Rückzugsorten – »meine Dinge« – erklärt. Abende mit dem General laufen dann so ab: Er hört kurz zu oder eigentlich doch nicht, beginnt einen Satz, nimmt sein Handy in die Hand und vertieft sich darin, wirkt nun völlig abwesend, zehn Minuten später bringt er den Satz zu

Ende, den er zuvor unerwartet abgebrochen hat, was ihm gar nicht weiter aufgefallen ist. Darauf angesprochen, wird er – wie alles, was mit Emotionen, persönlichen Beziehungen, Gefühlen oder Liebe zu tun hat – die Dinge zu versachlichen suchen. Am liebsten in einer theoretischen Abhandlung über die Liebe, gerade so, als wäre die Beziehung ein Unternehmensberatungsprojekt. Problem, Werkzeug, Lösung, ein Meister des Handwerks, und das mit Freude schon zu Schulzeiten. Mann ist sich diesbezüglich selbst genug.

Und so kommt es, dass einem dieser Typ immer eigentümlich fremd bleibt. Man kann ihn durchaus schon Jahre kennen, aber eigentlich weiß man nicht viel, schlimmer noch, es fühlt sich an, als wäre er undurchschaubar. Er bleibt kühl und abweisend, gestern noch freundlich und zugewandt, heute scheint er einen gar mehr nicht zu kennen oder geht einem sogar aus dem Weg.

Besonders »schlimme« Fälle der Generalität müssen für zu viel Nähe sich und die Betroffenen sogar »bestrafen«. War der Abend lustig, die Sache endete im Bett, vielleicht sogar unter Einnahme von hochprozentigen Flüssigkeiten, dann folgt am nächsten Tag die Buße mit doppelter Härte. Abweisen, leugnen, wegschieben, denn die notwendige Grenze wurde zu deutlich überschritten, und nun wird mit entsprechenden Maßnahmen diese Grenze wieder gezogen. Das kann ein gefühlsbetonter Mensch nur als Feindseligkeit deuten. Es ist sehr verletzend.

Diesen Mann können Sie nicht kurieren, denn seine Logik lautet: Liebe und Zärtlichkeit stellen eine Gefahr dar. Es klingt paradox, aber Sie können dennoch mit ihm problemlos ins Bett gehen. Er sieht das alles eher als Kontaktsport, und die Verdauung ist danach auch immer viel besser! Unter dem Gesichtspunkt einer reinen Affäre ist der Kerl ein Hammer, als Partner eine Katastrophe. Denn sobald Zärtlichkeit, Zuwendung oder Liebe ins Spiel kommen, macht er »dicht«, diese Konstellation empfindet er als besonders bedrohlich. Das erklärt, warum er plötzlich und unvermittelt entflieht. Auf einmal schaltet er im wahrsten Sinne des Wortes ab und ist nicht mehr erreichbar.

Dazu passt, dass dieser Typ auf Dating-Portalen nicht notwendigerweise die hübscheste Frau sucht, sondern jene, die ihm nicht ganz so gut gefällt, denn die kann ihm – in seiner Logik – auch nicht ganz so gefährlich werden. Am Ende würde er sich noch ernsthaft verlieben!

Der General und die Liebe

Distanz ist das wesentliche Merkmal des Generals, und so sieht auch die Beziehung aus, die er führt. Oftmals sind Generäle Parallelleben-Inhaber. Die ewige Geliebte aus einer anderen Stadt – mit der perfekten Begründung, sie nach zwei Tagen wieder »geordnet« verlassen zu müssen – ist davon genauso betroffen wie seine Frau mit den Kindern daheim – ihr erklärt er in blumigen Ausschmückungen, dass er eben viel zu tun habe und deswegen meist auf Reisen oder im Büro sei. Andersherum wird allerdings ein Schuh daraus. Er hat sich einen reise- und arbeitsintensiven Beruf ausgesucht, gerade um nicht andauernd mit der Partnerin oder der Familie beisammen sein zu müssen. Dieser oft über Jahre von der Geliebten wie auch der eigenen Familie klaglos akzeptierte Tausch zwischen Ursache und Wirkung ist kaum einem der Beteiligten bewusst, am wenigsten dem General selbst. Ihm sollte man gar nicht grundsätzlich absprechen, sein Bestes zu versuchen. Allein, es ist ihm nicht gegeben.

Schon als Kind war der General ein Einzelgänger, von den Schulfreunden gemieden, im Schulbus gehänselt, verspottet oder verlacht. In dieser Isolation hat er sich dann als Jugendlicher eingerichtet. Dabei handelt es sich um eine Wechselwirkung: Die Mitschüler haben in ihm einen Einzelgänger gesehen, die Wirkung verstärkte sich, niemand hat dem etwas entgegengesetzt, und so wurde das Erleben, nun einmal auf sich selbst gestellt zu sein, immer stärker. Zugleich wuchs das Bedürfnis, »es denen allen noch zu zeigen«, was in späteren Jahren enorme Kräfte und Talente freigesetzt hat und zu einer beachtlichen Karriere führte. Aus dem Einzelgänger wurde ein »General«.

Mit den Frauen lagen die Dinge schon immer komplizierter. Auf der einen Seite finden Frauen, insbesondere solche, die von Autoritäten und Dominanz angezogen werden, Generäle, ihr Auftreten, ihre Anzüge, das Schneidige, Intelligente und Wache einfach sexy. Aber der General hat so seine Tücken. Die Aufmerksamkeit ist ein ebenso erratisches wie erotisches Gut. In der Liebe kommen wir einander sexuell und körperlich wie auch emotional und seelisch nah, und diese Nähe kann der Distanz-Typ nicht ertragen. Er nimmt sie hin, weil er weiß, dass, ohne die Nähe zuzulassen, seine Möglichkeiten, Sexualität und Partnerschaft zu erleben, gegen null tendieren würden. Distanzlosigkeit, so die Logik des Einzelgängers, ist, wie schon mehrfach gesagt, eine permanente Gefahr, denn sie bedeutet Auflösung des Selbst, eine Gefährdung des Eigenseins und der Unabhängigkeit.

Die Öffnung zum anderen ist das Problem des Distanz-Typs. Deswegen reist er ab, verschwindet, meldet sich plötzlich nicht mehr. Das ist irritierend, war er doch gerade noch da, hatte sich bemüht und war für seine Verhältnisse aufmerksam. Es kam so etwas wie Hoffnung auf, es könnte aus der Sache doch noch eine »ganz normale Beziehung werden«. Kurz darauf ist er weg, auf dem Weg zur Arbeit, zurück zu seiner Frau oder hat sich einfach in sein Schneckenhaus zurückgezogen, das genaugenommen eine Insel ist, auf der eben nur einer Platz hat. Gäste sind willkommen, müssen aber bald wieder abreisen.

Wer einen General sexuell glücklich machen will, der geht nach dem Orgasmus wortlos und lässt ihn allein einschlafen. Er wird das als größtmögliche Zuwendung und Liebesbekundung empfinden. Es bedeutet: Danke, dass du mich so sein lässt, wie ich bin. Nicht verurteilt zu werden, die Situation nach dem Sex als frei und unbeschwert zu genießen, das alles liegt in diesem Moment des Glücks.

Das ist natürlich zugleich alles andere als ein wünschenswertes Modell für die meisten Frauen, es sei denn, sie haben eine ausgeprägt devote Ader oder verspüren große Lust, benutzt zu werden. Die Nähe suchende Dienerin kommt dem General insofern entgegen. Eine Leserin gab mir preis, sie sei »vollkommen von Glück erfüllt«, wenn sie nach seinem Orgasmus nicht nur wortlos von ihm abrücke, sondern danach auch auf dem kleinen Teppich vor seinem Bett einschlafen dürfe.

Diese Form der komplizenhaften Verbindung ist vor allem eine sexuelle. Die Frage, ob eine solche Beziehung in den Lebensalltag integriert werden kann, werden selbst erfahrene SM-Paare mit mehr als einem Fragezeichen versehen. Es ist der innerliche Konflikt des Generals, der für Spannungen sorgt. Er sucht deshalb zumeist nach leicht zu lösenden, beliebigen, weitentfernten oder gleich nach ausdrücklich sexuell ausgerichteten Beziehungen. Die Partnerin oder der Partner wird dann zum Objekt degradiert. Ein Austausch findet nicht statt, eine Beziehung oder gar Verbindung wird nicht hergestellt. Sexualität mit dem General erfüllt daher nur eine Funktion, sie ist austauschbar, man könnte sogar sagen, beliebig.

Als Frau erkennt man die Sexualität des Distanz-Typen an der »ruppigen« Art. Das kann manchmal auf beiden Seiten durchaus einen starken Reiz ausüben, deshalb wird es oft nicht unmittelbar als das identifiziert, was es ist: eine ungelenke Herangehensweise des Generals an die nun drohende (sexuelle) Verbindung. Und so geht es dann meist gleich kommentarlos zur Sache: kein Vorspiel, keine Zärtlichkeit, er ist ebenso zielorientiert, wie man sich ihn im Beruflichen vorstellen könnte. Dabei fasst er die Partnerin oft zu hart an, gerade so als ob er durch ihr leichtes Aufjaulen endlich eine erkennbare Reaktion auf seine Person auslösen möchte. Oder wie Ulrike mir sagte: »Er hat mir in der ersten Nacht zwischen die Beine gegriffen, als wäre meine Scham ein Bügelbrett.«

Der Distanz-Typ ist ein Mann, dem Beantwortung fremd und Verbindung ein Graus ist. Deshalb ist das Internet der ideale Platz für ihn, um Frauen kennenzulernen. Da arbeitet der Rumpelstilzchen-Effekt: »Ach wie gut, dass niemand weiß ...« Im Schutz der Anonymität werden gar großartige Mails verfasst, voller Emotion und Hinwendung, denn der General kann sich frei äußern, ohne Angst, dass gleich jemand vor der Tür steht und ihn bedrängen will. Das sendet zu allem Überfluss auch noch vollkommen falsche Signale an die Gegenseite. Es entsteht der Eindruck, hier handle es sich um einen besonders sensiblen und einfühlsamen Mann. Ein fataler Trugschluss, der sich auch bei den ersten Treffen nicht auflöst, denn die Fähigkeit, seine sozialen Defizite auszugleichen, hat der Distanz-Typ, wie schon gesagt, seit Kindertagen erprobt und verfeinert. Ein Mann wie eine Frauenfalle.

Diese schnappt zu, wenn sich das Opfer widersetzt oder gar eigene Wünsche anmeldet, zum Beispiel Nähe, Geborgenheit oder eine emotionale Beziehung. Dann sieht sich der General nicht nur in seiner Unabhängigkeit bedroht, sondern wird auch offen mit den Unzulänglichkeiten seiner Persönlichkeit konfrontiert. So wie bei Robert geschehen, als ihm seine Freundin Hannah signalisierte, dass es so nicht weitergehen könne. Nun wird es kompliziert, denn die Zurückweisung ist nicht nur eine Kränkung, sie rüttelt an den ohnedies instabilen Grundfesten eines Mannes, der nicht nur tiefe Zweifel hegt, ob er Liebe überhaupt empfinden kann, sondern vielmehr, ob er überhaupt liebenswert ist. Das emotionale Drama dieser Persona liegt also im Widerspruch einer äußerlichen Stärke bei gleichzeitig tief verwurzelter Unsicherheit. So sind viele Verhaltensweisen einer indirekten Grundhaltung zuzuschreiben, die da lautet: Wenn mich niemand liebenswert findet, dann muss ich mich ja auch nicht liebenswürdig verhalten. Ekel Alfred 2.0 sozusagen.

Tatsächlich gibt es Parallelen zu dem legendären TV-Charakter aus den siebziger Jahren. Die Ablehnung verstärkt die negativen Gefühle, und aus dem »Typ Distanz« wird ein schizoider Mann, der seine Ambivalenz zwischen Hass- und Liebesgefühlen unmittelbar an seiner Partnerin auslässt. Es beginnt die »Bewährungsphase« in der Beziehung, in welcher der General immer neue Liebesbeweise einfordert. Ein Fass ohne Boden, nicht selten artet das Ganze in sadistische Quälereien und Demütigungen aus. Vordergründiges Ziel ist die immer neue Bestätigung der Liebe und Zuneigung des Partners, doch kann es nie genug sein: Sie wird der Sache nicht gerecht, kann ihr nicht gerecht werden, denn seine Zweifel lassen sich nicht von ihr beheben, sie liegen ausschließlich in ihm selbst begründet. Zeichen ihrer Zuneigung werden in der Folge nicht nur heruntergespielt und kleingeredet, es wird ihnen sogar eine böse Absicht oder eine berechnende Motivation unterstellt. Eine liebevolle Geste, eine Umarmung oder gar ein Geschenk werden diabolisch instrumentalisiert, um Belege für ein vermeintlich schlechtes Gewissen oder ein Fehlverhalten zu finden: »Na, da hast du ja wohl etwas gutzumachen?«

Der General ist ein Meister des Psychologischen, denn diese Fähigkeit garantiert sein soziales Überleben. Die Umdeutung von konkreten Situationen in seine verschobene Realität wird zu einer immer größeren

Belastung für die Beziehung. Auch die leidensfähigste Partnerin wird dabei irgendwann an die Grenzen ihrer Toleranz gebracht.

Allerdings kann dieser Prozess Jahre dauern, vor allem, wenn die Partnerin dazu neigt, die Schuld gern bei sich zu suchen – sich also erfolgreich einreden lässt, dies alles sei ihr Fehler, und wenn sie nur anders, besser, hübscher oder freundlicher wäre oder mit weniger Hüftspeck daherkäme, dann gäbe es diese Probleme alle nicht. Ist diese »Falle« aktiv, kann der Erkenntnisprozess lange dauern, schlimmstenfalls, bis die Kinder aus dem Haus sind oder die Betroffene durch Zufall den Tennistrainer kennenlernt, der ihr zeigt, dass es auch Männer gibt, die ohne Zynismus, persönliche Attacken, Verletzungen, unvermittelt grundlose Aggression oder Herabwürdigungen in der Lage sind, eine ganz normale, warmherzige Beziehung zu führen.

Der Analyst

Nerds oder:
Der Horror vor Veränderung

Es gibt Menschen, die haben vor kaum etwas mehr Angst als vor dem Wandel der Dinge. Am liebsten möchten sie die Welt anhalten, sie fürchten sich vor jeglicher Veränderung, scheuen Neues, Unbekanntes, können einmal gefasste Pläne nur schwer aufgeben und haben eine sehr genaue Vorstellung von allem, vom Tagesablauf bis hin zu moralischen Werten. Solche Menschen sind leicht zwanghafte Persönlichkeiten. Sie schätzen Ordnungsprinzipien und klare Vorgaben.

Klingt alles irgendwie unangenehm, aber gerade Ordnungsprinzipien und klare Vorgaben wirken sich positiv auf die gesunde emotionale Entwicklung von Kindern aus. Dass der General, wie im vorangegangenen Kapitel aufgezeigt, sein ganzes Leben gegen den Mangel an Liebe ankämpfen muss, liegt daran, dass er aus einem instabilen Elternhaus kommt oder als Kind zu wenig verlässliche Bezugspersonen hatte. Vertrauen aber ist die Basis in der Entwicklung unserer Liebesfähigkeit; Kontinuität, Wiederholung und Regelmäßigkeit sind dafür wichtige Voraussetzungen. Man könnte auch sagen: Der klare Kompass der Eltern, die Pflege von familiären Ritualen und die tägliche Sicherheit sind die Grundlage jener emotionalen Fähigkeiten, die uns ein ganzes Leben Freude bereiten können.

Das mögen einige anders sehen, sie glauben, dass gerade das Bunte, das Chaotische und die alternative Patchwork-Idee Ausdruck von Freiheit seien. Das mag für Erwachsene wohl zutreffen, jeder möge das für sich selbst bewerten, für Kinder trifft es jedenfalls nicht zu. Hier liegt die spätere Freiheit in frühen Grenzen, im Schutz, in elterlicher Verlässlichkeit und wiederkehrenden Abläufen.

Das ist auch der Grund, warum sich der General und der Analyst bevorzugt in der Liebe begegnen – worauf ich an späterer Stelle in diesem Buch noch genauer eingehen werde. Dies nur vorab: Dass der General und der Analyst sich anziehend finden, mag wohl vordergründig damit zusammenhängen, dass beide in Beziehungsfragen zu Rationalität und Programmatik neigen. Der eigentliche Grund liegt aber darin, dass der Lebenspartner als Bezugsperson Sicherheit verspricht und zugleich Abstand zu halten vermag.

Sprechen wir aber hier zunächst über die Charaktereigenschaften des Analysten. Er ist der »Typ Dauer«, denn der Wechsel ist ihm fremd. Er ist damit das genaue Gegenteil vom Blender, der die Veränderung liebt und immer wieder sucht. Der Nerd fürchtet die Vergänglichkeit, hat Angst, die Dinge könnten aus dem Lot geraten, und braucht in vielerlei Beziehung formale

Strukturen, um daraus emotionale Sicherheit für sich ableiten zu können.

Wir alle haben Gewohnheiten, manche sind liebgewonnen, andere haben sich in unser Leben geschlichen. Letztere fallen uns erst auf, wenn wir dazu gezwungen werden, diese abzulegen. Ein Umzug kann dann plötzlich genauso emotional aufreibend sein wie ein Todesfall in der Familie. So tun wir doch unendlich viele Dinge jeden Tag mit schöner Regelmäßigkeit, der Wecker klingelt täglich zur gleichen Uhrzeit, zum Frühstück gibt es immer die gleichen Zutaten, und selbst die Wochenenden sind geordnet, obwohl wir meinen, da die Dinge mal »ganz anders« zu machen, und dann aber doch wieder beim Rasenmäher und dem Grillabend mit Freunden landen. All das ist nicht nur unserem Wunsch nach Verlässlichkeit, Ordnung und scheinbarer Sicherheit geschuldet, es ist auch ein unbewusstes Sich-Stemmen gegen die Vergänglichkeit. Denn wenn die Dinge immer gleich ablaufen, dann wird ebendieses unangenehme Gefühl in den Hintergrund gedrängt. So weit, so normal.

Der Analyst hat diesbezüglich aber viel »mehr« zu bieten: Seine Angst vor der Vergänglichkeit ist deutlich größer. Nein, der »Typ Dauer« möchte sich nicht an einem Fallschirm aus einem Flugzeug werfen lassen. Er geht lieber zum Helene-Fischer-Konzert, noch besser, zum großen Fest der Volksmusik. Früher war doch alles irgendwie besser, meint der leicht Zwanghafte, sein Wunsch, Überdauertes festzuhalten, breitet sich auf allen möglichen Gebieten aus.

In Deutschland, Frankreich, den Niederlanden, Österreich und den USA haben diese »Dauer-Typen« rechtspopulistische Parteien gegründet und versuchen, den Rest der Gesellschaft davon zu überzeugen, dass wir »zurück zu den Traditionen, zu den Werten unserer Gesellschaft müssen«. Nur welche Werte sind das eigentlich genau? Es sind vielmehr Ängste vor Veränderung, die diese Menschen antreiben, so zu agitieren. Denn auch der Zuzug von Menschen aus anderen Ländern stellt eine Veränderung dar, das Miteinander bekommt ein anderes Gesicht, neue Traditionen, neue Speisen und andere Kleidung halten Einzug und treffen den Analysten dort, wo es ihn am meisten schmerzt: beim hilflosen Versuch, die Dinge so zu erhalten, wie sie immer schon waren. Diese Form des Konservatismus in moralischen, gesellschaftlichen, politischen Fragen beginnt stets bei Prinzipien, entwickelt sich zu Vorurteilen und endet beim Fanatismus. Dahinter steckt Angst vor dem Neuen, dem Ungewohnten, das zur Wandlung der eigenen Lebensumstände führen könnte.

Oft ist es heute insbesondere die ältere Generation, die die junge daran hindern möchte, die Welt durch Globalisierung, Digitalisierung und Atomisierung »auf den Kopf zu stellen«. Aber auch unter den Jungen gibt es die »Rolle rückwärts«. Vor einiger Zeit setzte sich in einem Berliner Imbiss eine Dame zu mir an den Tisch. Sie war um die siebzig, trug ein sommerliches Hippiekleid, einen lila Schal und Sandalen. Man könnte auch sagen, die Gesinnung nahm Platz, bevor sich die Dame setzte. Sodann begann sie mit einem Lamento über ihre Tochter. Diese sei von ihr im allerbesten Sinne nach feministischen Glaubenssätzen erzogen worden. Eigenständigkeit, keine Abhängigkeit von einem Mann, Ausübung des eigenen Berufs und vor allem die Entwicklung der entsprechenden Haltung – das seien ihre Erziehungsideale gewesen, das sei alles, worauf es ihr stets angekommen sei. Und die Tochter? »Alles für die Katz!«, diese suche, ganz verhaftet im klassischen Rollenmodell, den Mann fürs Leben, Karriere sei ihr nicht wichtig, wenn Kinder kämen, würde sie lieber zu Hause bleiben wollen und sich »den ganzen Stress mit der Doppelbelastung gar nicht erst antun«.

Man gewinnt den Eindruck, dass junge Frauen jene Liberalität wenig zu würdigen wissen, die eine Müttergeneration vierzig Jahren zuvor für sie erkämpft hat. Schlimmer noch, es erscheint ihnen als altbacken, umständlich und unnötig dogmatisch. Geht es doch eher um Highheels, Selfies, Bibis-Beauty-Place, Boys und Blowjobs.

Kann es aber nicht auch sein, dass gerade ein zu ideologisches Wertesystem, mit dem manche Eltern ihre Kinder erziehen, dazu führt, dass diese mit allen Mitteln daraus auszubrechen suchen? Während Jugendliche und junge Erwachsene, die ihr Leben in die Hand nehmen wollen, sich widersetzen, Grenzen testen und Selbstbestimmung üben, versucht der zwanghafte Elternteil diesen normalen Prozess in Regeln zu zwingen. Er beantwortet die Abnabelung, die in sich auch wieder die Erkenntnis der Vergänglichkeit birgt, mit Ablehnung, Eigensinn, Verboten und Bestrafungen. Er kann es, wie alle Analysten, nur schlecht ertragen, wenn die Dinge »mit ihm geschehen«. Etwas ungeplant zuzulassen nach dem Motto »Mal schauen, was da kommt« – undenkbar! Aber nicht nur den Kindern, auch dem Partner schreiben die Nerds zu viel vor. Natürlich gilt, wie bei allen anderen in diesem Buch vorgestellten Charakteren, dass die Extreme das Typologische verdeutlichen sollen. In unserem Alltag sind die Ausprägungen moderater.

Und jetzt zum Berufsleben: Zum Teil schafft es der Analyst recht weit nach oben in der Hierarchie, insbesondere, wenn es sich um technische Industrieunternehmen handelt. Er tritt dann gern als Bedenkenträger auf, sieht jede neue Idee »kritisch« und behält damit recht, wenn es schiefgeht. Ein Zauderer und Zögernder, dessen wesentliches Kriterium für sein Handeln die »Aktenlage« ist, mit der er sich absichert und seine Position schützt. Dass dieses Zögern eigentlich dazu führt, dass er nichts entscheidet, fällt den Kollegen, vor allem in größeren Unternehmen, jahrelang nicht auf. Sie wurden darauf trainiert, die Kritik vielmehr als konstruktiv zu verstehen.

Die Zwänge des Analysten können auch krankhafte Formen annehmen: Dann darf er beispielsweise nicht auf die Striche zwischen den Bodenplatten treten, oder er reinigt sich die Hände unzählige Male am Tag oder muss den Lichtschalter dreimal an- und dreimal ausmachen, bevor er das Haus verlässt – zur Sicherheit. Solche Handlungen sind das Ergebnis des ständigen Verdrängens. Das ist ein Prozess, der viel Kraft braucht. Irgendwann wird der seelische Innendruck so groß, dass der Analyst zum Zwangsneurotiker wird.

Hinter jeder übersteigerten Religiosität, jedem Fanatismus und jedem Dogma versteckt sich, wie gesagt, im Grunde immer Angst – die Angst vor der Vergänglichkeit und letztlich die Angst vor dem Tod. Während der gesunde Analyst eine ganz sinnvolle Ordnung pflegt, ist der krankhafte pedantisch. Der stinknormale Nerd handelt ökonomisch und freut sich über Schnäppchen, der krankhafte ist geizig. Der Dauer-Typ von nebenan ist etwas eigensinnig, der krankhafte steigert sich zum Despoten. Man erkennt Analysten auch daran ganz gut, dass ihnen öfter »Fehlleistungen« passieren, d. h., dass sie durch Äußerungen oder Handlungen ungewollt ihre wahre Intention preisgeben.

So wurde Herr Meyer, der Hauptabteilungsleiter eines mittelständischen Unternehmens, der für die Stelle als stellvertretender Geschäftsführer vorgesehen war, beim Eigentümer und dessen Frau zum Abendessen eingeladen. Ein üblicher Vorgang, denn viele Unternehmer möchten angehende Führungskräfte ihrer Gattin vorstellen, weil sie überzeugt davon sind, dass sie sich gut mit Menschen auskennt.

Jahrelang hatte Herr Meyer brav, treu und gewissenhaft die Stufen der Karriereleiter erklommen. Mit der neuen Position würde sich seine Rolle nun grundlegend wandeln, gilt es doch, keine Anordnungen und Aufträge mehr entgegenzunehmen, sondern diese selbst anzuweisen. Wichtiger noch, er würde dafür auch Verantwortung übernehmen müssen.

Am Abend erscheint Herr Meyer in seinem besten Anzug in der Unternehmervilla. Zunächst verläuft das Gespräch ganz normal, doch erste Irritationen entstehen, als Herr Meyer sich selbst dabei zuhört, wie er der Gattin des Chefs eine Zote erzählt und sich danach vor Vergnügen auf die Schenkel schlägt. Das ist doch sonst gar nicht seine Art, Meyer erzählt nie Witze! Es war irgendetwas mit einem Proktologen und einem Zäpfchen. Egal. Kurz darauf macht er eine unglückliche Bewegung mit der Hand, stößt an die Flasche mit Rotwein, die sich unmittelbar über das Kleid der Gastgeberin ergießt. Die Beförderung war ebenso vom Tisch gefegt wie die Angst des Herrn Meyer, diese anzunehmen.

Der Analyst und die Liebe

Mit dem Analysten haben Sie einen Mann an Ihrer Seite, der das Unmögliche versucht, nämlich die chaotische Phase der Verliebtheit zu steuern und zugleich ein emotionaler, gefühlsbetonter Liebhaber zu sein. Oder anders gesagt: einen Mann, der die Irrationalität der Gefühle und die Rationalität seiner Nöte in Einklang bringen muss. Das ist ein Drahtseilakt. Wenn er selbstreflektiert mit seiner kleinen Störung umgeht, dann wird er vielleicht darüber reden oder sogar selbstironische Scherze machen. Wie ein Freund von mir, der seinen Affären schon beim Abendessen – augenzwinkernd – von seinem Tick berichtete, die weißen Handtücher des Hotels in einer »Straße« vom Badezimmer bis zum Bett zu legen, um sich keinen Fußpilz zu holen – und das in Brenners Parkhotel.

Doch auch Selbstironie ist nur eine Methode, die Situation im Griff zu behalten. Denn auf Gefühle, so das Credo des Nerds, ist ja kein Verlass, Gefühle sind der Welt der Subjektivität zuzuordnen, ein Horror. Also wird Liebe wohldosiert zugeteilt, ein Grund, warum sich der Analyst und der General so gut verstehen, denn auch dem Distanz-Typ kommt die Dosierung gelegen.

Zur irrationalen Liebe gibt es auf der nach oben offenen Schreckensskala doch noch eine Steigerung: Lust und Sex. Leidenschaft grenzt nämlich für den »Typ Dauer« bereits an Unvernunft, er sieht darin oftmals etwas »Schmutziges« oder »Verbotenes«. Die gute Nachricht: Der leicht Zwanghafte ist meistens dazu bereit, in der Sexualität kurzfristig auszubrechen, die Grenzen zu überschreiten, etwas Verbotenes zu tun. Sein schlechtes Gewissen wird dabei allerdings frei Haus geliefert. Viele Analysten sind sexuelle Leistungssportler. Das hat mit ihrem Wunsch zu tun, ihre Potenz zu zeigen, ihre Leistungsfähigkeit, ihr Vermögen. Die schlechte Nachricht: Es ist sein Programm, das da abläuft, weil er eben ein Fachmann für Programme ist. Sein Unverständnis könnte nicht größer sein, wenn er feststellt, dass die

Frau seiner Wahl das alles nicht zu schätzen weiß. Das allerdings ist leider häufiger der Fall, denn Sex mit dem Analysten ist weder besonders kreativ noch besonders leidenschaftlich. Er spielt nicht die dominante Karte wie der General, die devote wie der Diener oder jene der bunten Wunderwelt des Blenders. Für den »Typ Dauer« ist vor allem wichtig, dass Sex zu regelmäßigen Zeiten stattfindet und die Bettwäsche sauber ist.

In einigen Fällen mutiert das Interesse des Analysten an Zwang beim Sex bis hin zum Sadismus – und zwar nicht zu einer launigen Lustschmerzdominanz, wie sie die Frauen des Generals mitunter schätzen, sondern zu einer bestimmenden und von Machtphantasien geprägten Sexualität, in der es vor allem um ein »Zwingen-Wollen« geht. Es ist das Erzwingen eines immer wiederkehrenden Ablaufs.

Wie mir Prostituierte bestätigen, gehört der Analyst zu den Topkunden des Gewerbes. Das hat nicht zuletzt damit zu tun, dass er der Meinung ist, Liebe und Sexualität seien zwei vollkommen getrennte Dinge, ja, würden quasi von zwei verschiedenen Personen gelebt, die nur zufällig in einem Körper wohnen. Sex kann dann nur dort ausgelebt werden, wo nicht geliebt wird, und umgekehrt. Die eigene Ehefrau wird als Heilige und Mutter der Kinder auf den Sockel der Unberührbarkeit gehoben, und auch der Familie wird zumeist ein absoluter Schutz eingeräumt: Sie ist für den Analysten eine »intakte« Gemeinschaft, unbehelligt vom »Schmutz« dieser Welt. In der Tat kann sich die Partnerin gut aufgehoben fühlen, denn er wird ihr stets unterstützend zur Seite stehen – aber nicht bei allem: Sex gehört nicht dazu, Sex würde die heilige Ehe »beschmutzen«, die Ehefrau gar »herabwürdigen«. Deshalb lebt dieser Typ seine Lust dann in »ordentlichen« Affären oder bei Prostituierten aus. Die Sexualität mit der eigenen Partnerin läuft unter der Überschrift »Erfüllung der ehelichen Pflichten«.

Auch bei weniger ausgeprägten Zwängen zeigen sich die Wesenszüge des Analysten am schnellsten beim Thema Sex. Viele haben Rituale oder einen langen »Vorlauf«. Da muss erst einmal ins Bad gegangen oder geduscht werden, da sind die Vorhänge offen, oder das Licht ist zu hell, da riecht es gerade nach Pizza aus dem Laden an der Ecke, da muss die Tür noch abgeschlossen werden, obgleich man allein im Hotelzimmer ist. Der Mann gibt dann auch gern »Regieanweisungen« oder versucht ungelenk eine Szene nachzustellen, was als ein völliger »Abtörner« enden kann. Ein Mann wie ein Obsessivpronomen. Rette sich, wer kann.

Der Sonnyboy

Blender oder:
Die Scheu vor der Verantwortung

Es gibt Menschen, denen macht kaum etwas mehr Angst als die Notwendigkeiten des Lebens. Es sind leicht hysterische Personen mit dem starken Bedürfnis, flexibel bleiben zu wollen und sich nicht festlegen zu müssen. Sie betrachten jeden Tag, als wäre es der letzte. Wir nennen ihn den »Typ Wechsel«.

Sein Lieblingssatz stammt von Hermann Hesse, dem Herzschmerzliteraten unserer Großeltern: »Und jedem Anfang wohnt ein Zauber inne.« Alternativ ruft er »Carpe Diem«, »Man lebt nur einmal« oder gleich »Einmal ist keinmal«, besonders gern natürlich, wenn er verheiratet ist.

Warum sich in der Gegenwart quälen, in der Zukunft liegt das Glück! Weg mit dem Endgültigen, den Zwängen, den ganzen Bindungen und unausweichlichen Verpflichtungen. Weg mit den Traditionen, Werten und Gesetzen, es sei denn, sie sind gerade genehm. »Was hinter mir liegt, ist Vergangenheit, vorn spielt die Musik« ist sein Motto. Leider vermischt sich bei ihm die stets äußerst vielversprechende Zukunft schon vorauseilend mit den unvermeidlichen Notwendigkeiten der Gegenwart. Und so ist die Vision immer schon irgendwie da, man kann sie schon fühlen, also zumindest darüber reden, ach was, eigentlich ist man schon Hausbesitzer, Yacht-Eigner, Multimillionär oder Topmanager, auch wenn man erst achtundzwanzig ist und gerade erst seine erste Stelle angetreten hat. Ein bisschen »verkaufen« tun doch alle! Doch der Sonnyboy hält sich nicht mit Klein-Klein auf. Seine Welt sind die großen Visionen, die Linien, das Makromanagement und die Strategie! Eben alles, was schwer greifbar ist, aber mit großer Geste in der Zukunft liegt. Für die Krümel hat man eine Frau, Freundin, Assistentin oder Kollegin, die fest davon überzeugt ist, dass es dieser gewinnende Strahlemann noch sehr weit bringen wird.

Aber auch Männer lassen sich gern von einem kommenden Talent überzeugen, messen ihm mehr Kompetenz zu, als es eigentlich fachlich vertreten kann. Ein Trugschluss, der nicht zuletzt im guten Aussehen verborgen liegt. In Studien wird immer wieder nachgewiesen, dass hübsche Menschen mehr verdienen, bei Gericht sanftere Urteile kassieren und insgesamt als intelligenter bewertet werden. Man erkennt die Sonnyboys stets an ihren Jüngern, dem Fanclub, der sie umgibt und eisern verteidigt. Das trägt den Narzissten, er fühlt sich bestätigt, hört einzig, was ihm die Schar seiner Jünger zuflüstert. Bei allen anderen, insbesondere bei Kritikern, verschließt er nicht nur die Ohren, sondern ist so überraschend frech und dreist, dass normale Menschen in der ersten Sekunde gar nicht darauf reagieren können, ja fast wie gelähmt sind. So kommt der Strahlemann mit erstaunlich vielem durch, jedenfalls mit einem Verhalten, von dem die meisten von uns sagen: »Das würde ich mich niemals trauen!«

Die Kombination aus einem Leben in der Zukunft, aus Leistungen, die noch gar nicht erbracht wurden, und einer Referenzgruppe, die das erstaunlicherweise alles mit Beifall begleitet, führt dazu, dass sich der »Typ Wechsel« in einer Art Gummizelle bequem einrichten kann. Die Wände seines Daseins sind extrem flexibel, und irgendwie kann er es folglich auch nicht lassen, diese Flexibilität immer wieder zu testen. Ist das doch Beweis seiner Grandiosität, die Dinge stets nach seinen Bedürfnissen zu steuern. Gibt die Gummiwand einmal nicht nach, so findet sich ganz sicherlich ein Hintertürchen. Diese Auswege tragen die Namen Leugnen, Hintergehen, Hinterziehen oder gleich Betrug. Der Grat zwischen dem Sonnyboy und dem Betrüger ist äußerst schmal. Aus dem Happy-Go-Lucky-Kollegen wird ganz schnell ein »Felix Krull«, ähnlich der bekanntesten Blender-Figur aus dem gleichnamigen Roman von Thomas Mann. Es beginnt mit kleinen Schummeleien, größeren Lügen und endet in straffälligem Verhalten. Das liegt auch daran, dass der Hysteriker ja kaum Gegenwehr kennt und mit Kritik nicht umgehen kann. Wer lange in einer Gummizelle sitzt, glaubt eben, die Realität sei tatsächlich dehnbar. Er geht mit den Notwendigkeiten, Gesetzen, Vorschriften und Regeln immer großzügiger um und verachtet jene, die brav auf die rechte Seite ziehen, wenn sie auf der Autobahn den Überholvorgang abgeschlossen haben. Nein, dieser Typ fährt nicht nur dauerhaft links, ihm gehört geradezu die linke Spur. Und wenn da einer nicht sofort Platz macht – Achtung, Lichthupe –, dann brettert er eben zwischen dem Vorausfahrenden und der Leitplanke über die Grasnarbe, und das bei Tempo 250. Kein Gedanke an die Gefährdung anderer, keine Rücksicht, keine Verantwortung. »Ist der doch selbst schuld, wenn er mit der Gurke meint, hier überholen zu müssen!« Für ihn sind alle, die sich an Regeln halten, Loser, Luschen, Verlierer. Wer schnell weiterkommen will, der muss sich nehmen, was er braucht, sonst nehmen es sich andere.

Zur Besinnung besteht keine Notwendigkeit, im Gegenteil. Normalerweise verfängt seine Masche, er gleitet durch ein aufwandsminimiertes Leben, in dem andere die Last, die Arbeit, die Verantwortung tragen. Der Blender hingegen trägt nichts, außer vielleicht Schuhe von Prada. Moralische Werte und Spielregeln des gesellschaftlichen Miteinanders sind mehr so »unverbindliche Hinweise. Es verändert sich ja auch dauernd irgendwie alles«, und wenn nichts hilft, findet sich bei Facebook immer eine Gruppe, die gleicher Meinung ist. Gutverdiener, die sich mit dem Ferrari unter der Parkhausschranke durchquetschen, um die Parkgebühr zu prellen, gehören genauso dazu wie unverbesserliche Raser, Strafzettelsammler oder Müll-im-Wald-Entsorger. Härtere Fälle betrügen Omas um ihr

Erspartes, reisen als Heiratsschwindler durch die Lande oder ziehen gleich ein großes Betrugskarussell mit Anleihen oder Beteiligungen auf. Werden sie erwischt, so wird relativiert, verharmlost, abgelenkt, ausgewichen oder ganz einfach mit dem Zeigefinder auf einen anderen gezeigt. Das Umfeld bleibt sprachlos zurück, und bis es sich gefangen hat, ist der Vorstadt-Gigolo schon beim nächsten Opfer.

Dies alles ist natürlich nicht die Realität, in der seine Mitmenschen leben, also Eltern, Kinder, Ehepartner, Freunde oder Kollegen – es ist nicht die »wirkliche Wirklichkeit«, wie der Psychoanalytiker Fritz Riemann sagte, es ist eine Scheinwelt. Und in dieser herrscht eben auch nur eine Scheinfreiheit.

Irgendwann – so mit Mitte vierzig – verliert dann auch der Sonnyboy den Charme der Jugend, der Jungunternehmer-Bonus ist aufgebraucht, und selbst der wohlwollende Chef wird ihm die Frage stellen, wann er denn eigentlich mal etwas Greifbares abliefert.

Der so Gescholtene kann aber nach diesen Maßstäben weder liefern noch leben. Auch sein Umfeld ist davon nun verstärkt betroffen. Der Ehefrau fällt auf, dass sie die Last des gemeinsamen Lebens trägt, den Kindern, dass der Vater eigentlich gar kein echtes Interesse an ihnen hat, den Kollegen, dass die Arbeit im Grunde von den Assistentinnen gemacht wird, und der Langzeitaffäre, dass sie nicht das Objekt der Begierde ist, sondern nur der Bespiegelung seiner Selbstinszenierung als genialer Liebhaber dient. Jetzt wird offenbar, dass der

Sonnyboy nachhaltige Anerkennung, tiefe Zuneigung, echte Liebe oder Freundschaft nicht leben kann.

Und was macht er? Er reagiert mit Rückzug, Abschottung, gekränkter Eitelkeit oder, bei der extremeren Ausprägung des Typs, mit narzisstischer Kränkung, einem Defekt mit erheblicher Sprengkraft für menschliche Beziehungen. Die Zündschnur ist beim Narzissten äußerst kurz, es kann jeden treffen, den Tankwart, die Ehefrau oder den Hund – ganz egal, wer gerade in der Nähe ist. Der cholerische Ausbruch ist die eher harmlose Version. Die Opfer narzisstisch gestörter Partner leiden oft unter Abwertung, Herabwürdigung oder gar schleichendem Sadismus. Dazu gehören verletzende Äußerungen zur Partnerin wie »Mit deinen Füßen willst du wirklich Sandalen anziehen?« und abwertende Äußerungen in der Öffentlichkeit wie »Meine Frau ist, was Politik anbelangt, nicht so auf der Höhe«, aber auch körperliche Aggressionen und häusliche Gewalt. Alles drückt das Gleiche aus: Ich habe ein Problem, aber es zu bearbeiten habe ich nie gelernt, deshalb schiebe ich es mit Macht auf den, der gerade neben mir steht.

Das Verhängnis des Sonnyboys ist es, dass alle jahrelang sein auffälliges Verhalten haben durchgehen lassen und keiner gesagt hat: »Stopp! Bis hierhin und nicht weiter.« So wurden die Verkettungen, Verwicklungen und Verstrickungen immer komplexer, der Druck stieg. Irgendwann aber muss sich auch der geschickteste Blender den Realitäten seines Lebens stellen, sprich: die Kuckuckskinder versorgen, die Langzeitgeliebte anerkennen, den Führerschein abgeben oder sich vor Gericht verantworten.

Zugegeben, hier liegt die Wahrheit in den Nuancen: Nicht jeder Sonnyboy ist ein Blender, nicht jeder Blender ein Schwindler, und nicht jeder Schwindler ein Betrüger. Aber auch in graduellen Abstufungen haben die Handlungen dieses Männertyps Folgen, daran ändert auch Bagatellisieren nichts.

Das Erreichen der letzten Stufe erkennt man an der Vogel-Strauß-Technik, die unmittelbar auf die selbstmitleidige Rückzugs- und Isolationsphase – »Ihr braucht mich ja nur noch als Ernährer« – folgt. Dann wird der Kopf in den Sand gesteckt, frei nach dem Motto »Nach mir die Sintflut«. Briefe werden nicht mehr geöffnet, die Tage werden in Spielhallen vertrödelt, Online-Pornographie wird exzessiv genutzt, schon morgens gesoffen, die Firma im Stich gelassen, und Zahlungen werden gar nicht mehr geleistet: »Die wollen doch alle nur mein Geld!« Ganz so, als ginge alles irgendwie wieder vorbei, wenn man es nur gut genug ausblendet oder leugnet. In dieser Situation zerbrechen Partnerschaften und Familien und gehen Firmen insolvent. Wenngleich das Überspringen der Kausalität in der »wahren Wirklichkeit« nicht vorgesehen ist, hofft der Blender jetzt auf ein Wunder, den Lottogewinn, erzählt seiner Frau, seinen Mitarbeitern von dem »ganz großen Ding«, an dem er grade »dran ist«. Es gibt immer eine kleine Wahrheit, die zu einer großen Geschichte aufgeblasen wird. Merke: Je detaillierter und je mehr diese mit unwichtigen Details ausgeschmückt wird, desto erfundener ist sie. Die bunte Erzählung soll die Lüge verschleiern und die Zuhörer davon überzeugen: Da könnte doch etwas dran sein.

Aber die Muster bleiben, der Werkzeugkoffer des Narzissten ist begrenzt. Sein wichtigstes Instrument ist die Zukunft, die neue Chance, das Zurücklassen des Gestern. Und so sagen Blender gern Sätze wie »Kinder, ich hole euch alle hier raus, glaubt mir« oder »Jetzt machen wir hier reinen Tisch und fangen einfach nochmals ganz neu an«. Wer wollte sich einem Neuanfang verschließen? Welche Ehefrau, welche Geliebte, welcher Mitarbeiter würde nicht hoffen, die Dinge würden sich endlich zum Besseren wenden? So sagen viele »Ja«, und die Gummizelle des Narzissten hat sich wieder ein kleines Stück zu seinen Gunsten gedehnt.

Der hysterische Blender hat einfach nie gelernt, den eigenen Stolz zu kontrollieren, zum Telefonhörer zu greifen und dem Lieferanten zu sagen: »Ich kann das gerade nicht bezahlen, bitte geben Sie mir eine Möglichkeit, die offene Rechnung in Raten abzustottern«; der Ehefrau zu sagen: »Ich habe seit Jahren im Nachbarort eine Geliebte und übrigens auch zwei weitere Kinder«; der Affäre zu sagen: »Ich mag den Sex mit dir, aber ich werde meine Frau niemals verlassen, auch wenn du noch weitere zehn Jahre wartest.«

So wenig wie der Blender Konflikte adressieren kann, so wenig kann er sich auch seinem Alterungsprozess stellen. Da wird Botox gespritzt, da werden Haarwurzeln verpflanzt, Nasen gebogen, oder es wird hysterisch Sport betrieben. Solche Männer nehmen sich dann auch gern eine zwanzig Jahre Jüngere, die hinten auf der Harley oder auf dem Beifahrersitz des 911er Platz nehmen darf. »Altersunterschied? Hey, man ist doch immer so alt, wie man sich fühlt, oder?« Dass es reichlich bescheuert aussieht, wenn ein Mann Ende vierzig in Turnschuhen und Hoodie aus dem Sportwagen klettert, will und kann dieser Typ nicht erkennen. Während er glaubt, den Altersverfall aufhalten zu können, weist er seine Ehefrau mit sadistischem Unterton darauf hin, dass bei diesem Sommerkleid die »Winke-Arme« aber ganz schön deutlich zu sehen seien. Knallwade, Rückenspeck, Unterbauch, Orangenhaut, hängende Ohrläppchen, dicke Oberschenkel und hängender Po, der Mann kennt alle ihre Problemzonen und benennt diese gern und ausführlich. Dabei heißt, wie Ildikó von Kürthy einmal zutreffend schrieb, »die aller-aller-allergrößte weibliche Problemzone [...] Mann«.

Richtig perfide wird es, wenn der Blender mit weinerlichen Selbstanklagen dem Fanclub signalisiert, was für ein selbstironischer Kerl er ist. »Der kann ja über sich selbst lachen!«, denken die Fans und können sich dann gar nicht vorstellen, dass der »lustige Klaus aus dem Tennisclub« so bösartig und niederträchtig zu seiner Ehefrau oder Freundin sein kann. »Mit dem haben wir doch immer eine so gute Zeit verlebt, und grillen kann der, Mannomann, ein toller Typ!« Der nette Klaus beherrscht nur die Kunst des Schmierentheaters. Seine

Partnerin hat daher kaum eine Chance, sich mit den Folgen von Entwertung, Herabwürdigung oder gar häuslicher Gewalt bemerkbar zu machen.

Ein weiteres Instrument aus dem Werkzeugkoffer des Narzissten ist die gespielte Einsicht. Irgendwie hat auch der härteste Ego-Shooter verstanden, dass man sich einmal kooperativ geben muss, aber auch hier nichts als Theater: »Ich kann echt Kritik annehmen, aber die Schuld liegt gar nicht bei mir«, oder: »Auch ich mache einmal Fehler, aber in diesem Fall liegt die Schuld bei der Buchhaltung«, oder: »Ich bin wirklich gern großzügig, aber in diesem Fall muss ich leider nein sagen.« So versucht er, die Kompromiss- wie auch die mangelnde Konfliktbereitschaft seines Umfeldes für sich zu nutzen. Kooperatives Verhalten antäuschen und Ball ins gegnerische Tor schießen sozusagen.

Es muss allerdings keinesfalls so sein, dass Blender grundsätzlich irgendwann auffliegen oder scheitern. Die Chef- und Vorstandsetagen sind voll mit Teflon-Typen, die einen Aufstieg hingelegt haben, der seinesgleichen sucht. Kompetenz ist kaum der Grund, auch nicht die berühmte soziale Kompetenz. Es genügt, davon zu schwafeln, beherzigen muss man in der Regel seinen eigenen Vorteil, das eigene Fortkommen, den nackten Opportunismus. Gibt keiner zu, funktioniert aber. Sie werden es sicher schon einmal beobachtet haben: Solche Führungskräfte inszenieren sich als einsame Wölfe, sie lassen sich für die Öffentlichkeit gern allein am Gipfelkreuz ablichten und erzählen gleichzeitig etwas von Seilmannschaft. Stark, autonom, sich selbst genug – das führt an die Spitze der Macht. Oben angelangt, kommt nichts mehr, und so entwickeln sich Allmachtsphantasien: Kontrolle, Verfolgungswahn, Entwertung und Repression werden zum Ausdruck dieser ins Extreme gekippten Persönlichkeitsstruktur. Wenn Sie, die letzten Sätze lesend, den einen oder anderen internationalen Staatsmann vor Augen haben, trügt dieser Eindruck ganz sicherlich nicht.

Der Sonnyboy und die Liebe

Sunny ist verliebt in die Liebe! Bäääm, das ist der Hammer für das Selbstwertgefühl. Ein Rausch, diese grenzenlose Freiheit, das Gefühl der Ungebundenheit. Ein Wahnsinn! Alles ist neu, alles ist anders, warum kann es nicht immer so bleiben? In der Liebe ist der »Typ Wechsel« eine Granate, da macht ihm keiner was vor. Das gilt übrigens gleichermaßen für hysterische Männer wie Frauen. Die neue Liebesbeziehung erleben sie mit großer Leidenschaft. Dass das Gegenüber hauptsächlich ein Objekt darstellt, welches der Bestätigung des Selbst dient, geht in der alles überschattenden Intensität vollkommen unter: »Ein Mann, der sich dermaßen um mich bemüht, der muss es ernst meinen, der muss MICH meinen.« Die Umwerbung und die Liebenswürdigkeit kennen keine Grenzen. Der narzisstische Mann ist ein exzellenter Verführer, spielt seinen Charme aus, ist sexy und kann seine Reize meisterhaft zur Geltung bringen, denn er beherrscht die Techniken der Suggestion. Das alles ist so überzeugend, dass man es einfach glauben will, ja, glauben muss.

Dabei ist er in erster Linie ein »Sofortbefriediger«. Die Stimulanz seiner Sinne und die Bedienung seiner Bedürfnisse dulden keinen Aufschub, es muss sofort sein. Wehe, Sie haben heute Abend keine Zeit, sind schon verabredet oder weisen ihn unbeabsichtigt ab, dann zieht er sich zurück, schmollt, verweigert den Kontakt, im Sinne eines »Du wirst schon sehen, was du davon hast« oder »Irgendwann wirst du angekrochen kommen, dann überlege ich mir einmal, ob ich dann noch bereit bin«.

Männer mit einem narzisstischen Knacks gehören ohne Zweifel zu den unterhaltsamen Partnern. Sie sind phantasiereich, unternehmungslustig, haben oft einen größeren Bekanntenkreis, interessanterweise aber nur selten wirklich gute Freunde. Sie sind lebendig, extrovertiert, haben zu allem eine Meinung, sind vielfältig interessiert und genießen gern die guten Dinge.

Beim Sex wird die Sache schwieriger. Denn es ist für den Sonnyboy keineswegs so wichtig »zum Zuge zu kommen« wie für den General. Das Leben des Augenblicks, das Herstellen einer Szene, der Genuss des Moments – das alles ist oft wichtiger als der Geschlechtsverkehr selbst. Hinzu kommt, dass der Narzisst viele Frauen umwirbt. Als Typ »Hausmeister« zieht er mit dem ganz großen Schlüsselbund um die Häuser und schaut gern einmal, wo man denn die eine oder andere Tür öffnen könnte. Ein Fremdgeher mit reichlich sexueller Erfahrung. Dabei ist ihm die Beantwortung wichtiger als der Akt, er möchte als attraktiver Mann erkannt und wahrgenommen werden. So kommt es, dass mir Frauen oft schreiben: »Der Typ hat hier drei Wochen rote Rosen regnen lassen, dann waren wir im Bett, das war super, aber dann hat der sich nie wieder gemeldet.«

Der ist dann einfach weg, was mit dem hysterischen Bedürfnis nach neuen Aufregungen, dem Geruch der frischen Haut, dem Abenteuer und der Lust am Unbekannten zu tun hat. Natürlich gibt es keine Partnerin, die einen solchen Spannungsbogen über Jahre aufrechterhalten könnte. Deshalb macht sich der Sonnyboy bald wieder auf den Weg und sucht von neuem sein Glück, eine andere, mit der sich in der Regel exakt das Gleiche abspielt. Schwierig wird es erst, wenn der – stark auf das Äußerliche fixierte – ehemalige Beau in die Jahre kommt und in eine Alterskrise gerät.

Ist bei der sexuellen Entwicklung des Mannes, also in seiner Jugend, eine Störung aufgetreten, kann dies bei der Potenz zu Beeinträchtigungen führen. Ein Umstand, an den Frauen nicht als Erstes denken, wenn ein Mann »nicht will«. Welche Gründe auch immer ursächlich sind, allzu schnell beziehen Frauen seine sexuelle Unlust auf sich, doch hat es in der Regel wenig mit ihnen, sondern zumeist mit dem Mann zu tun, der schlicht das bekommen hat, was er suchte: eine Bestätigung seines angeknacksten Selbst. In seltenen Fällen kann es auch sein, dass der Mann so seiner Macht über die Partnerin Ausdruck verleihen will: »Sieh her, ich brauche dich nicht.«

Problematisch wird es, wenn die Partnerin spürt, dass sie ausschließlich dazu dient, ihm seine Unwiderstehlichkeit zu bestätigen. Der Narzisst will sich in ihrer Reaktion spiegeln wie in einem glatten See. Wehe dem, der dort ein Steinchen hineinwirft.

Der Diener

Fürsorgliche oder:
Die Angst vor dem Verlassenwerden

Es gibt Menschen, denen macht kaum etwas mehr Angst als die Selbstwerdung. Es sind die melancholischen Menschen, denen es widerstrebt, ihr eigenes Ich in den Vordergrund zu stellen, sich mit ihren Themen bemerkbar zu machen, sich durchzusetzen oder gar einmal auf den Tisch zu hauen, undenkbar. Wir nennen ihn den »Typ Nähe«.

Im Gegensatz zum narzisstischen Blender möchte man ihm zurufen, sein Selbst nicht zur Gänze zu verlieren, so sehr kehrt er sein Ich unter den Teppich. Sein Ziel ist es, seinen Partner glücklich zu machen, ihm oder ihr jeden Wunsch von den Augen abzulesen, wobei es für ihn wichtiger ist zu geben, denn zu nehmen. Seine Sehnsucht ist der innige körperliche Kontakt, den er als Verschmelzungswunsch wahrnimmt.

Natürlich ist der Ausgangspunkt dieser unbedingten Liebe die Mutter-Kind-Beziehung, also das Urbild der Liebe in allen von uns. Beim Nähe suchenden Typ ist diese Prägung sehr auffallend. Er braucht seinen Partner zum Leben wie Luft und Wasser, fühlt sich ohne

Gegenstück unvollständig, nennt seine Frau gern die »bessere Hälfte« und ist so sehr mit dem liebenden Sich-Hingeben befasst, dass ohne Hingabe ein Überleben gar nicht möglich erscheint. Das Du bekommt eine übergroße Wertigkeit im Leben des Dieners. Er versucht sein ganzes Leben dorthin auszurichten, wo er das Glück seines Partners vermutet. Setzt der »Typ Distanz« alles daran, seine Eigenständigkeit zu erhalten, so baut der »Typ Nähe« Trennendes ab, versucht inniges Zusammenleben herzustellen, wird rasch auf eine gemeinsame Wohnung drängen und sagt gern solche Sätze wie »Seit wir uns kennen, waren wir nur einen einzigen Tag getrennt!«.

Das ist natürlich bei vielen Liebenden so, insbesondere in der frühen Phase des Verliebtseins. Wir alle haben das Bedürfnis nach Nähe, Austausch, Kontakt, wollen lieben und geliebt werden. Und natürlich hoffen wir, zumindest in den ersten Wochen, dass das alles niemals endet. Aber beim »Nähe-Typ« hat all dies eine andere Qualität. Jedes Verlassen, jedes Alleinsein, jeder Abschied am Bahnhof löst Ängste aus, verursacht Trauer und kann regelrecht zu Depressionen und Melancholie führen. Denn der depressive Diener kann zwischen »allein gelassen« und »verlassen werden« nicht gut unterscheiden. Die reine Abwesenheit des Partners löst bei ihm Ängste aus.

Als junger Journalist hatte ich mal in den neunziger Jahren einen Interviewtermin mit dem 2011 verstorbenen Film- und Fernsehstar Peter Alexander. Ich traf ihn auf dem Münchner Filmfest, seine Frau Hilde unterhielt sich derweil mit Umstehenden. Da stand nun der absolute Vollprofi der Unterhaltungsbranche vor mir, ein Mann, von dem ich dachte, er bewegt sich auf dem öffentlichen Parkett wie kein Zweiter, der große Peter Alexander, Held meiner verregneten Sonntagnachmittage – doch ein richtiges Interview mit ihm kam nicht zustande, weil er andauernd fragte: »Hilde, wo ist meine Hilde?«, wie ein kleiner Bub, der nach seiner Mutter sucht.

Der Partner muss also immer da sein, damit beginnt die Beziehung, ja, der Diener ist auf die Anwesenheit seines Liebesobjekts angewiesen. An dieser Stelle hätte statt »Liebesobjekt« natürlich auch das Wort »Herr« stehen können, weil es so gut zum Diener passt. Aber nicht alle Nähe suchenden Menschen bedürfen eines »Herrn«. Natürlich gibt es hier Beziehungen, Ehen, Freundschaften und Affären auf Augenhöhe. Oft sind diese Beziehungen aber nur vordergründig gleichberechtigt, dahinter verbirgt sich eine devot-dominante Abhängigkeit.

Die emotionalen und partnerschaftlichen Verbindungen hier sind allerdings alles andere als unverbindlich, sie sind lebensnotwendig. Die Liebesfähigkeit und die Bereitschaft zu lieben sind beim »Typ Nähe« ebenso hoch wie das Bedürfnis, diese Liebe auch in der gleichen Intensität zu empfangen. Schon eine etwas weniger intensive Beantwortung wird vom »Typ Nähe« als Zurückweisung empfunden. Denn eben dieses Geliebtwerden entwickelt sich zum Lebensinhalt und kann sogar in einer Fixierung auf den Partner münden, weil der Diener meint, Bedürfnisse zu haben, die er aus sich selbst heraus nicht erfüllen kann. Der melancholische »Nähe-Typ« (Melancholie ist hier allerdings nicht im medizinisch-therapeutischen Sinne eines Krankheitsbildes zu verstehen) gibt alles, um die Distanz zwischen sich und seinem Liebesobjekt zu verringern, aber es ist nie genug. Der Diener sucht dabei nicht Sicherheit – wie der Analyst –, er sucht vielmehr die Abhängigkeit. Kein Zufall, dass »Sucht« dabei ein Schlüsselwort ist.

Es gibt zahlreiche Strategien, einen Partner in die Abhängigkeit zu zwingen. Auch wenn die Sexualität als Motiv auf der Hand liegt, so sind doch viel eher Alltagssituationen prägend. Wir haben sie alle schon einmal erlebt. Nähe-Typen stellen Abhängigkeit oftmals durch kindliches Verhalten her – wer würde schon ein Kind verlassen? Vom Kindchenschema über die Verwendung von niedlicher Sprache wie »Voll süß, ey!« und finanziellen Notlagen bis hin zur Einbindung in den familiären Kontext, der Diener findet kreative Wege, um sein Liebesobjekt »anzubinden«. Das führt leicht zu einem Teufelskreis: Der Nähe-Typ versucht die offensichtlichen Unterschiede zu seinem Partner bestmöglich zu eliminieren, sich ihm anzunähern und ihm gerecht zu werden. Dabei ist der Wunsch des Partners nach Eigenständigkeit und Individualität eine unmittelbare Bedrohung, dieser könnte, so die Angst, in eine eigene, eine neue Welt ohne ihn, davonlaufen.

Mike, der Partner von Katja, ist nicht in erster Linie eifersüchtig auf ihre Arbeit als Stripperin, auch nicht darauf, dass sie gelegentlich mit einem anderen Mann ausgeht. Was er ihr auszureden versucht, ist das Soziologiestudium. Das Studium führt sie nicht nur aus seiner Welt, sondern es stärkt darüber hinaus ihr Ich und unterstützt ihre Selbstwerdung. Es ist also nicht so, dass Mike, wie man vorschnell meinen könnte, Probleme damit hat, eine intelligente, ihm überlegene Partnerin zu haben, sondern es ist die Angst, dass sie ihn verlässt, weil es sie in ein anderes Leben zieht, das die beiden als Paar zu entfremden droht.

Oft beginnen die Beziehungsprobleme mit einem melancholischen Mann, wenn die Partnerin an der Schwelle zu einem neuen Lebensabschnitt steht. Auch wenn sie das neue Türchen gern öffnen und den Partner mitnehmen möchte, der Diener weigert sich, findet Ausreden, schiebt Gründe vor, mauert. Es ist, als ob er das eigene Leben nicht leben dürfte. Möglicherweise ist dies ein Gefühl, das er bereits aus dem Elternhaus kennt, weshalb sich die Sache zu Beginn der Beziehung auch so verdammt vertraut angefühlt hat. Nun, am Übergang zu einem neuen Lebensabschnitt, ist Schluss. Nicht weil er es ihr nicht gönnt, sondern aus purer Angst, im wahrsten Sinne des Wortes nicht mehr »dazuzugehören«.

Um das zu vermeiden, wirft er alles in den Ring, was er zu bieten hat: Verzicht, Demut, Unterwürfigkeit, Bescheidenheit, Hilfsbereitschaft, Aufopferung. Er gehört zu den Männern, die über frühere Beziehungen mit traurigen Dackelaugen sagen: »Meine Exfrau hat mich eigentlich immer nur ausgenutzt.« Das mag er sicherlich jetzt so empfinden, doch gibt es eine zweite Sichtweise. Hat er das doch alles in der Vergangenheit gern getan, sich in dieser Rolle eingerichtet und wurde erst enttäuscht, als es – trotz aller Bemühungen – in einer Trennung endete. Die extreme Unterwürfigkeit, die Selbstaufgabe, die unbedingte Gefolgschaft und Loyalität sind keinesfalls zum Besten einer Beziehung. Sie laden eine Hypothek auf die Beziehung, die dann meist nur in Schuldgefühlen abzubezahlen ist. Das sind teure Raten.

Wer einen Partner hat, der es sich, aus Angst vor dem Verlassenwerden, versagt, eigenen Impulsen, Wünschen und Sehnsüchten nachzugehen, der führt keine problemlose Beziehung. Aufopferung verlangt nach Dank, Belohnung, Anerkennung. Und wenn der Diener sich nicht angemessen gewürdigt fühlt, kann das sogar zu einer klinischen Depression führen. Die »Nichterfüllung« von Wünschen ist übrigens auch ein optimaler Nährboden für religiösen Fanatismus. Irgendeine göttliche Instanz muss doch diese ganzen Bemühungen, das ertragene Leid und die Entbehrungen endlich einmal entlohnen!

Die Entfernung von der eigenen Persönlichkeit hin zur Assimilation mit der Persönlichkeit des Partners ist kein bewusster Prozess, bei beiden nicht. Die Reibungsfläche durch Auseinandersetzung, an der eine

Beziehung reifen könnte, fehlt hier fast vollständig, weil sich die Partner nichts entgegensetzen. So gibt es keinen Motor für eine gemeinsame Entwicklung. Die vermeintliche Harmonie bricht dann auf, wenn es dem Liebesobjekt »zu viel« wird und sich der Partner ganz zurückzieht. Dann wird die Isolation offenbar. Der langjährige Distanzierungsprozess vom eigenen Ich kann so weit gehen, dass der Betroffene allein nicht mehr lebensfähig ist. »Aber ich brauche dich doch«, ist dann der letzte Hilferuf des Ertrinkenden, der versucht, sein Liebesobjekt in Abhängigkeit zu binden und dabei selbst zum Abhängigen geworden ist, weil er in den Jahren der Partnerschaft versäumt hat, auf sich und seine Bedürfnisse zu achten.

Der Diener und die Liebe

Die Drohung »Ich bringe mich um, wenn du mich verlässt« ist der letzte Notnagel des Dieners. Viele, vor allem junge, Beziehungen kennen diesen Satz. Er kommt erstaunlich oft vor, ist so was wie ein Klassiker der emotionalen Erpressung. Für eine Lebenspartnerin zweifellos ein Alarmsignal, doch wie geht man damit um?

Die Frau des Dieners hat zumeist ein sonniges Gemüt, vielleicht eine etwas leicht theatralische Veranlagung, sie sieht sich gern in Gesellschaft und liebt es, von ihrem Mann bewundert zu werden. Sie ist die Königin des Tennisvereins, sieht mit vierzig noch »granatenmäßig« gut aus und ist ein steter Quell für Komplimente an den Diener: »Der Klaus hat die Hübscheste abbekommen.« Hinter der Fassade einer glücklichen Ehe und intakten Familie verbergen sich oftmals enorme Konflikte, weil das offensive, extrovertierte Auftreten der Ehefrau bei »Typ Nähe« unmittelbar Spannungen auslöst. Seine Verlustängste werden aktiviert. So kommt es zu regelmäßigen Krisen, wenn sie sich aus eiserner Umklammerung zu lösen versucht und den Plan möglicherweise irgendwann sogar in die Realität umsetzt. Dann ist sie mit dem Tennislehrer unterwegs, alle wissen es, der Diener im Grunde seines Herzens auch, doch er schweigt, leidet still, sitzt die Sache aus. Bei ihr führt das nicht zu Schuldgefühlen, sondern zu vollkommenem Unverständnis, schlimmer noch, zu Verachtung. Sie würde sich vielmehr einen Mann wünschen, der einmal »auf den Tisch haut« und den Rivalen beiseiteschiebt.

Der Diener ist dazu nicht in der Lage. Er weicht dem Konflikt aus, schweigt ihn tot, tut gerade so, als wäre nichts, und hofft, dass sich die Dinge von allein wieder richten. Er kann sich nicht vorstellen, dass seine Frau kaum die gleichen Bedürfnisse nach Nähe und Zuwendung hat wie er. Fremdgehen, eine andere Frau, eine Affäre, all das käme ihm nie in den Sinn, ist er doch viel zu sehr auf sein Liebesobjekt fixiert. Dass er seine Frau genau damit in die Arme eines anderen treibt, kann, ja, will er nicht erkennen.

Dabei ist er von seinem Naturell ein besonders einfühlsamer, empathischer Partner. Man könnte fast sagen, kein anderer der in diesem Buch vorgestellten Charaktere ist in der Lage, Emotionen und Gefühle geradezu transzendierend aufzunehmen und zu würdigen. Es ist eine Eigenschaft, die wir doch eigentlich alle von der einzigartigen, immerwährenden Liebe erwarten, die wir in Kinofilmen schmachtend ersehnen und von zahlreichen, verflossenen Liebespartnern vergebens erhofften. In der Realität aber engt uns solche Liebe nach gewisser Zeit ein, sie wird zur Last, schmälert die eigene Freiheit. Einmal auf sein Liebesobjekt »eingeschossen«, legt der »Typ Nähe« gern noch mal nach. Er versucht nicht nur, dem Du ganz nahe zu sein, sondern die natürliche Grenze zwischen »Ich« und »Du« verschwinden zu lassen, mit seinem Partner zu einer einzigen Person zu verschmelzen. Woher dieser Wunsch rührt, ist seit Jahren Gegenstand psychologischer Fachliteratur. Mir scheint es am wahrscheinlichsten, dass der melancholische Typ, auf höherer Ebene, die grenzenlose Beziehung zur Mutter wiederzufinden sucht.

Dass die Liebesfähigkeit des Partners ihre Ursprünge in kindlichen Erfahrungen, insbesondere der Bindung zur Mutter haben mag, ist (mit dem Hinweis auf die Bedeutung der gegengeschlechtlichen Prägung) in diesem Buch schon mehrfach geäußert worden. Sicherlich ist es interessant herauszufinden, welche Gründe zu Belastungen in einer Partnerschaft führen, in der Praxis allerdings hilft die Kenntnis wenig. Zu Beginn ist es wunderbar, einen Mann an seiner

Seite zu wissen, der einem »jeden Wunsch von den Augen abliest«. Es ist nicht nur bequem, sondern es gibt auch kaum Komplikationen, was mit der extremen Konfliktscheue des Nähe-Typs zu tun hat. Der Mann geht ganz in seinem Liebesobjekt auf, seine Partnerin wird sich zunächst glücklich schätzen, so einen netten und verständnisvollen Mann an ihrer Seite zu haben. Vielleicht war sie in der Vergangenheit einfach mit ein paar »Haien« zu viel im Bett und hat jetzt die konzeptionelle Partnerschaft erwogen, ganz nach dem Motto vieler Frauen um die dreißig: Verliebtsein und Sex werden überschätzt.

Damit tritt ein Mann auf den Plan, den sie vielleicht bereits seit Jahren kennt, einer, der sich schon ewig »bemüht«, Blumen schickt, eine wahnsinnig gute Beziehung zu ihrer Mutter aufgebaut hat – die übrigens seit Jahren findet, »das wäre doch der Richtige«. Neulich stand er sogar mit Luftballons am Flughafen, als sie von einem dreimonatigen Auslandsaufenthalt zurückkehrte. Leider befand sich dort auch ihr Liebhaber, aber das hat der Diener mit Schmerzen ertragen. Er konnte, er musste das ertragen und hat brav gewartet.

Nun ist seine Stunde gekommen. Wieder einmal hat er beim Aufbau eines IKEA-Regals geholfen, dann noch den Computer in der neuen Wohnung installiert, und nun ist er zum ersten Mal geblieben. Sie war ihm dankbar, hatte Schuldgefühle und Mitleid ihm. Keine aufregende Nacht, kein heißer Sex, aber vielleicht, so meint unsere Strategin, ein sinnvolles Konzept mit

Zukunft. Irgendwann wurde dann »so etwas wie eine Beziehung« daraus.

Sie heiratete ihn und verdrängte ihre Lust auf einen etwas dynamischeren Partner. Dann kamen zwei Kinder, die Prioritäten haben sich verändert, der Mann ist ein erstklassiger Familienvater, und im Übrigen kann er eine Bohrmaschine halten. Die Wünsche seiner Frau hat er stets unterstützt, war bereit, dorthin zu gehen, wo sie hingeht, und auch ansonsten ein dienstbarer Geist, der von Kochen über Handwerken und »Rücken freihalten« sämtliche Register der Unterstützung zog, die man sich als Partnerin nur wünschen kann.

Doch das Auflösen seines Ichs, seine mangelnde Selbständigkeit, das wurde mit den Jahren zu einer immer größeren Last. Denn wer sein Ich verkleinert, der wird immer abhängiger, lebensunfähiger, hilfloser. Aus dem Mann im Haus wurde ein drittes Kind, aus der Ehe eine Mutter-Kind-Beziehung. Man kann ohne Übertreibung sagen, es gibt tatsächlich viele Ehen, die nach Jahren genau so aussehen. Mit Partnern, die so sehr lieben, dass sie geradezu der Meinung sind, der andere könne eigentlich nichts machen, was ihre Liebesfähigkeit schmälern würde.

Häufiger jedoch entwickeln sich solche Beziehungen zur »depressiven Liebe«, die ich schon am Anfang dieses Abschnitts beschrieben habe. Sie kommt in zahlreichen Facetten daher, eines ist ihnen allen gemein: Sie tragen erpresserische Züge in sich. Es muss gar nicht der Klassiker »Wenn du mich nicht liebst, will ich nicht mehr leben« sein. Die Erpressung kann auch in Form von Herrschsucht ablaufen, indem Kontrolle über die Partnerin ausgeübt wird, durch Überbesorgtheit, und wenn nichts mehr hilft, dann muss eben der verbale »Sturz von der Brücke« herhalten. Viel häufiger ist jedoch die Flucht in eine Krankheit, wer würde schon einen langjährigen Partner verlassen, der nun ernsthaft erkrankt ist – »nach allem, was er für dich getan hat!« Ausweglos.

Ziel dieser Handlungen ist das Auslösen von Schuldgefühlen durch das Einlösen einer jahrelangen »Schuld«, von der die Partnerin allerdings gar nicht wusste, dass sie überhaupt besteht. Denn eingefordert wurde all die Jahre nichts. Doch nun wird zusammenaddiert und ein emotionaler Schuldschein vorgelegt.

Wenn die betroffene Ehefrau, Freundin, Partnerin an dieser Stelle nicht in der Lage ist, zu durchschauen, was hier abläuft, und sich tatsächlich in die Ecke drängen lässt – möglicherweise sogar glaubt, dass sie den Partner »auch ganz schön in Anspruch genommen« habe –, dann kann es zu veritablen Familientragödien kommen.

Es liegt auf der Hand, dass Sex mit dem Nähe-Typ keine aggressiv-dominante Ego-Show eines Superlovers ist. Für den Melancholiker stehen eher Zärtlichkeit, Liebesbeweise und Zuneigung im Vordergrund. Ein Nähe-Mann aus dem TV-Geschäft, der zwar berufsbedingt immer die attraktivsten Fernsehmoderatorinnen an seiner Seite hatte, von diesen aber stets schnell wieder verlassen wurde, offenbarte mir einmal, im Trennungsschmerz in einen Puff gegangen zu sein. Auf meine Frage, wie es denn war, erklärte er mir voller Stolz: »Ich habe mir eine ausgesucht und sie so lange geleckt, bis sie zweimal hintereinander zum Höhepunkt gekommen ist!« Diese Version käuflicher Liebe war mir zwar neu, leuchtete aber ein.

In der Partnerschaft unterwirft sich der depressive Mann, er ist gern devot oder möchte seine unterwürfige Seite ausleben. Seine Liebe kennt keine Grenzen, alles ist erlaubt, verboten wenig. Und so münden Abhängigkeitsverhältnisse mit Nähe suchenden Partnern nicht selten in devote, hörige oder gar masochistische Sexualwelten. Tenor: »Ich halte sie, wenn ich mich ihr vollständig ausliefere.« Häufiger ist jedoch das Gegenteil der Fall: Der Partner entwickelt »seiner Frau zuliebe« eine dominante Ader oder aber produziert sich wenigstens – gegen sein Naturell – als sexuell dominanter Mann. Da ihm diese Rolle nicht »gegeben« ist, lässt er sich durchaus auch von anderen Männern instruieren, wie mit einer (ausschließlich sexuell) devoten Frau umzugehen ist, die im Übrigen zu Hause »die Hosen anhat«. Dass ein solcher »doppelter Salto« bei beiden Partnern nicht zu einer sexuell erfüllten Beziehung führen kann, wird unter den ansonsten »offensichtlichen Vorteilen« einer konzeptionell angedachten Beziehung, insbesondere in den Anfangsjahren einer Ehe, gern in den Hintergrund gedrängt.

Eine gesunde Beziehung bedarf also zweier eigenständiger Individuen, die einander dennoch zugewandt sind. Die stete Arbeit an der eigenen Identität und das, was Psychologen eine »schöpferische Distanz« nennen, sind die Basis einer guten, langwährenden Partnerschaft.

Wir sind nicht nur verantwortlich für das,
was wir tun,
sondern auch für das,
was wir nicht tun.
(Molière)

Das »Dawendi«-Modell –
Dreh es um!

Erkennen und behandeln

Menschen macht Freiheit Angst. Wobei man sagen muss, dass gerade die Generation Facebook Probleme damit hat, Freizügigkeit und Freiheit voneinander zu unterscheiden. Ich meine an dieser Stelle Freiheit. In der Liebe erleben wir heute beides: Freiheit und Freizügigkeit wie nie zuvor in den letzten zweihundert Jahren.

Wir treffen uns in der Regel im Internet, Ehen kommen mehrheitlich durch Online-Plattformen zustande. An den Erfolgskennziffern kann man dennoch Zweifel hegen, sagt die Masse doch noch lange nichts darüber aus, ob es sich auch um Partnerschaften handelt, die von Bestand sind. Die Scheidungsrate ist jedenfalls auf einem Rekordhoch, unsere Großstädte sind von Singlewohnungen geflutet, und die Einsamkeit hat gefühlt eher zu- als abgenommen.

Der US-Forscher Eli J. Finkel von der Northwestern University bezweifelte schon vor Jahren im *Current Directions in Psychological Science*, dass die Matchmaking-Maschinen der großen Online-Partnerbörsen überhaupt funktionieren. Und Doreen Zillmann, die Leiterin eines Forschungsprojektes zum Thema Online-Dating an der Uni Bamberg, geht noch einen Schritt weiter und sagt: »Die Technik hemmt den Entscheidungswillen, sie lässt uns glauben, dass da noch jemand Besseres wartet.«

Anders ausgedrückt: Den Typen halte ich mir warm, aber ich heirate ihn nicht, denn es könnte ja noch etwas Tolleres kommen. Klingeling, schon rasselt die Maschine wieder wie ein Einarmiger Bandit in Las Vegas und spuckt die nächsten fünf Matches aus. Neunzig Prozent Übereinstimmung! Und da ist sie wieder, die Hoffnung, Mr Right, den Mann fürs Leben zu finden. Sie materialisiert sich vor allem in einer schönen, monatlichen Kreditkartengutschrift an den Betreiber.

Wesentliche Grundlage des Geschäftsmodells von Dating-Portalen ist ein Test, der dabei helfen soll, genau den Partner zu finden, der am besten zu uns passt.

Dazu muss man zunächst einen Fragebogen mit über dreihundert Fragen ausfüllen und erhält dann Vorschläge zu möglicherweise geeigneten Partnern. Die Urversion all dieser Tests wurde Mitte der sechziger Jahre von Prof. Dr. Hugo Schmale (85) entwickelt und ist nach Ansicht zahlreicher seiner Kollegen in ihrer Grundausrichtung deutlich überholt. Denn Schmale geht bei seinen Annahmen – verkürzt gesagt – davon aus, dass das Unterschiedliche auf das Passendste ineinandergreift. So wie der Volksmund gern sagt: »Jeder Topf findet einen Deckel«, oder: »Gegensätze ziehen sich an.« Dass Gegensätzlichkeit ihren Reiz hat, daran kann niemand ernsthaft Zweifel hegen. An der Frage, ob Gegensätzlichkeit im Hinblick auf eine lebenslange Partnerschaft Bestand hat, hingegen schon. Denn es sind die verbindenden Themen, Ansichten, Glaubenssätze und kindlichen Prägungen, durch die wir uns nahe sind und die uns den anderen verstehen lassen, auch wenn Außenstehende dies alles für unverständlich halten.

Ich stelle hier die These auf, dass der sogenannte Algorithmus – also das psychologische Rechenmodell –, auf dessen Basis diese Dating-Plattformen das sogenannte »Matching« aufbauen, eben aus diesem Grunde falsch ist. Dass sich nun Paare bei mir melden werden, die sagen: »Aber wir haben uns durch eine solche Plattform kennengelernt und sind glücklich«, ist keinesfalls ein Widerspruch. Vielleicht ist schlicht die Phase der gegenseitigen Attraktion noch nicht abgeklungen, beide Partner arbeiten sich mit Lust an ihren gegenseitigen Schwächen ab oder sind der beliebten Durchhalteparole »Ich muss für meine Ehe kämpfen«, dem Kalenderspruch überholter Paartherapie, anheimgefallen.

Ich bin der Ansicht, dass eine funktionierende Partnerschaft dann besonders gut – also langfristig – hält, wenn sich die Partner nicht gegenüberstehend anblicken, sondern wenn sie nebeneinander in die gleiche Richtung schauen. Dieser ähnliche Blick auf das Leben, ähnliche religiös-moralische Werte, ähnliche politische Ansichten, ähnliche sexuelle Neigungen, ähnliches Temperament, ähnliche Vorstellungen von Kindererziehung – das ist meiner Ansicht nach die bessere Variante. Ein Ansatz, der im Übrigen durch neuere Untersuchungen der Wissenschaft gestützt wird, wie beispielsweise von den Soziologen der Universität Wien.

Vergessen Sie die angeblich anziehenden Gegensätze, das Einander-Gegenüberstehen.
Suchen Sie einen Partner auf Augenhöhe, und blicken Sie lieber mit ihm in die gleiche Richtung.

Praktisch formuliert bedeutet das: Für eine heiße Affäre ist ein Partner mit einem starken Gegensatz ideal, für eine langfristige Ehe, Kinder und das gemeinsame Altwerden ein Partner mit einer möglichst hohen Kongruenz.

Folgt man dem Ansatz, dass die harmonische Partnerschaft eine Symbiose möglichst ähnlicher Persönlichkeitseigenschaften ist, dann ergibt sich hieraus die Notwendigkeit zu verstehen, welcher Typ der eigene Partner ist, vor allem aber, welcher Typ man selbst ist. Dieses Modell möchte ich in Anlehnung an Fritz Riemanns Modell »Dawendi« nennen:

D A W E N D I

– Typ DAuer (der beständige Analyst)
– Typ WEchsel (der blendende Sonnyboy)
– Typ Nähe (der melancholische Diener)
– Typ DIstanz (der abwesende General)

Diese vier Typen, die ich in den vorangegangenen Kapiteln ausführlich vorgestellt habe, fasse ich an dieser Stelle nochmals kurz zusammen – mit Tipps, wie man die einzelnen Charaktere rasch erkennt:

*Typ **Dauer** (der beständige Analyst)*
Seine Körpersprache ist reduziert, er gestikuliert nicht, verhält sich distanziert, seine Mimik ist introvertiert und wenig ausdrucksstark. Sein Tonfall ist eintönig, fast monoton, die Worte werden sehr kontrolliert gewählt, er spricht leise und nachdenklich, wägt ab. Präzision, Fakten, Logik, Recht und Ordnung, Beweise – das ist seine Welt. Was er braucht, ist Planbarkeit, Regeln und Stabilität. Sein Credo lautet: »Vorsicht ist die Mutter der Porzellankiste.« In der Beziehung kommt man ihm ent-

gegen, wenn man seine Bedürfnisse nach Sparsamkeit, Genauigkeit und Kontrolle akzeptiert und unterstützt. Dieser Typ ist ein verlässlicher, gründlicher und ordentlicher Partner. Dort, wo die Schwelle zur Zwanghaftigkeit überschritten wird, muss gegengesteuert werden, ebenso bei seiner Neigung zur Sturheit, Inflexibilität und Pedanterie.

Sie erkennen den Analysten daran, dass er das Althergebrachte schätzt. Ein Mann, der sich durchaus neue Sachen kauft, diese aber nicht gleich anzieht, sondern erst einmal in den Schrank hängt. In seinem Keller lagert er Vorräte für schlechte Zeiten, einen Bunsenbrenner und ein Allzweckmesser. Er redet gern über Katastrophenschutz. Heimwerkermärkte lieben den »Typ Dauer«, sie verkaufen ihm Dinge, die sonst niemand braucht, zum Beispiel ein teures Notstromaggregat.

Die Angst vor der Vergänglichkeit kann sich auch in Sammelwut zeigen. Die krankhafte Version ist der »Messie«. Aber auch mit Sammlungen – wie Briefmarken, Münzen, Comics, Kunst – soll ein Stück Ewigkeit festgehalten werden, dienen sie doch dem Bewahren des Guten, dem Überdauern der Vergänglichkeit. Außerdem ist eine Sammlung nie vollständig, eine Sisyphusaufgabe, die nie ein Ende finden wird.

Übertriebene Heimatverbundenheit, die Mitgliedschaft in einer Studentenverbindung oder die Begeisterung für Schlagermusik sind Ausdruck einer Lebenshaltung, die für Neues und für Veränderung nicht aufgeschlossen ist. Solche Menschen verleihen ihren

Aussagen Nachdruck, indem sie sie mit »Is' so!« beenden.

Den »Typ Dauer« erkennen Sie aber auch daran, dass er unbedingt in ein bestimmtes Restaurant oder eine bestimmte Bar gehen will oder sich von einmal festgesetzten Treff- oder Zeitpunkten nur äußerst schwer trennen kann. Ein Mann für Last-Minute-Reisen oder spontane Ausflüge ist er ganz sicherlich nicht. Alles muss geplant werden, am liebsten ist ihm der »Frühbucherrabatt«, da kann man die Brückentage »strategisch« nutzen und auch noch Geld sparen!

Sex mit dem Analysten ist immer eine saubere Sache. Das schlechte Gewissen plagt, die anschließende Reinigung folgt auf dem Fuß. Entweder muss er sofort nach dem Orgasmus im Bad sämtliche Spuren beseitigen, oder es zeigen sich schon während des Geschlechtsakts Zwänge, die verstörend sein können: »Licht aus!«

Die Rechtsanwältin eines großen, internationalen Konzerns ist schon an ihrem Äußeren dem weiblichen »Typ Dauer« zuzuordnen. Aus konservativem Hause stammend, der Vater Oberförster, die Mutter aus unbedeutendem, dafür umso exzessiver gelebtem Landadel. Eine attraktive Brünette, Anfang dreißig, mit einem Kleiderstil, den man im Rheinland als »et Madämmche« umschreiben würde – also dem Alter entsprechend etwas zu konservativ. Dieser weibliche Nerd begann eine Affäre mit einem Vertriebsleiter ihres Unternehmens, einem extrovertierten, lebenslustigen Mann, der sie deutlich jenseits ihrer sexuellen Grenzen führte. Sie genoss das sehr, gleichwohl waren es Grenzen, die sie in ihrem engen moralischen Gerüst nicht mehr vertreten konnte. Die Sache lief über Wochen, es war zu aufregend, zu spannend, zu intensiv, als dass sie die Beziehung beenden konnte. Eines Morgens liefen die beiden gemeinsam zu ihrem Arbeitsplatz. Beide gut gekleidet, sie im gedeckten Kostüm, er in einem ausgezeichnet sitzenden Anzug. Ein schönes Paar, ein wunderbarer Frühlingstag, die Sonne schien, er legte seinen Arm um ihre Schulter. »Nicht!«, schrie sie unvermittelt auf, »da vorn ist der Betriebskindergarten!« – »Ja, und?«, fragte er. »Wo ist das Problem, wir sind doch ein Paar!« Sie beendete kurz darauf die Beziehung mit der Begründung, es »sei keine Liebe zwischen ihnen«, was er sehr bedauerte. Auf die Frage, warum sie denn an jenem Morgen so schroff reagiert habe, sagte sie: »Ich hatte das Gefühl, ich gehe mit einem Penis am Arm durch die Stadt!«

Der Analyst hat als Lebenspartner unbestritten seine guten Seiten. Er ist äußerst verlässlich und wird eine einmal gegebene Zusage auf jeden Fall einhalten. Wo für den Blender Moral nur einen Mangel an Gelegenheit darstellt, ist der Analyst meistens treu, allein schon aus Kostengründen.

Wenn Sie einen Analysten zum Ehemann haben wollen, wird Ihnen möglicherweise nichts anderes übrigbleiben, als irgendwann selbst das Aufgebot zu bestellen. Der Mann kann sich nicht entscheiden, was aber nichts mit Ihnen zu tun haben muss. Er ist erleichtert, wenn man ihm sagt: »In drei Monaten heiraten wir!« Lassen Sie dann genug Zeit zwischen Ihrer Ankündigung und dem Termin, die Sache muss reifen.

Probleme löst der Analyst sachlich und zielt dabei oft am Kern des Problems vorbei, denn er kann die Situation nicht empathisch erfassen. Das bedeutet, er packt häufig einen Werkzeugkoffer aus, den er aus dem Büro mitgebracht hat – hier muss man ja auch mit schwierigen Klienten, unangenehmen Lieferanten und verärgerten Mitarbeitern verhandeln. Er kann also oft nicht verstehen, dass ein Beziehungsstreit keine Verhandlung, sondern ein emotionaler Konflikt ist. So wird er dazu neigen, einen Kompromissvorschlag zu machen oder ein Wiedergutmachungsangebot. Das ist aber ein sinnloses Unterfangen, wenn es um Bedürfnisse wie »mehr Nähe«, »mehr Spaß am Sex« oder »mehr Zeit für die Familie« geht. Kommt es dennoch zu einem Kompromiss, wird er diesen auf jeden Fall pedantisch einhalten und ungehalten reagieren, wenn es der Partnerin dann doch »nicht passt«.

Zum Schluss noch ein praktischer Hinweis, genauer, ein Shopping-Tipp: Neuanschaffungen sind ein großes Problem für den Nerd, denn er kann sich nicht entscheiden. Er wird so lange Testberichte und Preisvergleiche zum neuen Terrassengrill studieren, bis der Sommer vorbei ist.

Wenn Sie das alles nicht abschreckt, kann der Analyst ein erwachsener und solider Partner für ein langes gemeinsames Leben sein.

Typ Wechsel (der blendende Sonnyboy)

Seine Körpersprache ist offen, voller Energie, die Arme sind stets in Bewegung, wenn er redet, um dem Gesagten Nachdruck zu verleihen. Er ist schwungvoll und energetisch und macht insgesamt stets einen sonnigen, gutgelaunten Eindruck. Sein Tonfall entspricht dem: begeisternd, lebhaft, ein guter Redner, locker und ohne Angst, in der Öffentlichkeit aufzutreten. Spaß, Vergnügen, Spannung, Aufregung, Abenteuer, der letzte Trend und immer offen für Neues – das ist seine Welt. Was er braucht ist Leidenschaft, neue Reize, Rausch und Phantasie. Sein Credo lautet: »Lebe jeden Tag, als wäre es dein letzter.« In der Beziehung kommt man ihm entgegen, wenn man mit ihm Pläne schmiedet und Luftschlösser baut sowie Lust am Risiko hat. Wird die Schwelle zum Theatralischen überschritten, zeigen sich mitunter starke Tendenzen von Unzuverlässigkeit, er erfindet Lügen und Geschichten. Dann muss in der Beziehung gegengesteuert werden.

Den Sonnyboy zu erkennen ist gar nicht so einfach, denn er hat zwei Gesichter. Eines in der »Werbephase« und eines danach. Zuerst ist er der Mann zum Pferdestehlen, viele Frauen sagen dann über ihn so Sätze wie »Mit keinem Mann habe ich so viel gelacht, mit keinem war die Zeit so unbeschwert« oder »Das war alles ein einziger Traum«. Der Mann ist in dieser Phase charmant, galant, meist gut gelaunt, versteht sich ausgezeichnet mit der besten Freundin (was sich viel später als Strategie herausstellen wird), ist aufmerksam, organisiert Reisen und kleine Überraschungen, in Gruppen ist er eloquent bis unterhaltsam. Ein Mann, auf den Sie stolz sein werden.

Nach den ersten Monaten kommt dann ein Bruch. Dieser muss nicht durch eine Eheschließung ausgelöst werden, es reicht schon, dass man zusammenzieht, oder einfach nur die Tatsache, dass man jetzt ein festes Paar mit eingespielten Tagesabläufen ist. Der Grund ist: Der Reiz der Neuen ist verflogen, das drückt dem Narzissten auf die Seele und in der Partnerschaft deutlich auf die Stimmung. Der Mann ist gereizt, vielleicht auch grundlos eifersüchtig, schnell gekränkt, beleidigt, zeigt eine fast mimosenhafte Seite und lässt an nichts und niemandem ein gutes Haar. Abwerten, entwerten, sein Umfeld verdächtigen bis hin zum leichten Verfolgungswahn – die Sache wird immer schwieriger, sie endet stets im Drama. Denn der Narzisst ist nicht traurig, er ist »traumatisiert«, er hat nicht zu viel gearbeitet, sondern ist »an den Grenzen seiner Erschöpfung«, er hat keine Kopfschmerzen, sondern eine »unerträgliche Migräne, kaum zum Aushalten!«. Die Geschichten sind immer ein wenig zu dick aufgetragen, wobei Männer dieses Typs vor allem das »Verknappungsmarketing« lieben. »Ich war ja einer der Ersten, die diesen Typ Tesla in Europa ausgeliefert bekommen haben«, oder: »Das ist eines von nur hundert Fahrzeugen mit diesen Felgen weltweit«, oder: »Wenn die neue S-Klasse kommt, bin ich ja unter den ersten zehn, die den Wagen bekommen, ich kenne da einen Vertriebsvorstand in Stuttgart.«

Man erkennt den Blender auch daran, dass er sehr lange eine Bindung an seine gegengeschlechtliche Bezugsperson unterhält. Im Klartext: Der blendende Mann kommt von Mama nicht los, die hysterische Frau ist und bleibt oft »Daddys Girl«. In der Paarbeziehung werden dann die Muster dieser frühen Prägung auf den Partner projiziert. Verkürzt gesagt: Wurde der Kerl von seiner Mutter enttäuscht, kann es sein, dass seine Tinder-Sucht ein gutmaskierter Frauenhass ist, indem er Partnerinnen anwirbt und sofort wieder verlässt, um sich damit rückwirkend an Mutti zu rächen. »Maskiert« deshalb, weil er selbst um die Zusammenhänge nicht weiß.

Oft sind Beziehungsschwierigkeiten mit einem Sonnyboy aber auch weniger extrem. Sein Hauptproblem besteht darin, dass er Liebesbeziehungen idealisiert und eine unrealistische Erwartungshaltung davon hat, was eine Partnerschaft leisten kann. Da werden Forderungen gestellt, Druck aufgebaut. Die Enttäuschung ist dann ein permanenter Begleiter einer solchen Beziehung. Da kann sich hinter dem Wäldchen der Sonnenuntergang im See spiegeln und der Hirsch röhren, dennoch wird der Narzisst sagen: »Wäre super, wenn jetzt hier wenigstens zwei Liegestühle stünden.«

So wird seine Wahl der richtigen Frau vor allem auch unter Prestige-Gesichtspunkten getroffen. Stellung, Vermögen, Doktortitel, alles wichtiger als charakterliche Eigenschaften und gemeinsame Werte. Ein junger Apotheker vom Bodensee sagte mir einmal auf die Frage, warum er seine Freundin so toll finde: »Wenn die in meinem gelben M3 mit den braunen Beinen auf dem beigen Leder sitzt, Hammer!«

Man erkennt den Narzissten aber auch an Kleinigkeiten: Blender kommen gern zu spät, halten Verabredungen nicht ein, sind oft unzuverlässig oder zumindest nachlässig. Sie interessieren sich nicht wirklich für ihre Mitmenschen, ihnen ist aber auch der große Auftritt sicher, wenn sie als Letzter mit wehendem Mantel in den Konferenzsaal rauschen.

Seine Ängste verschiebt der Sonnyboy gern auf vermeintlich Harmloses. Angst vor dem Fliegen, Platzangst, Angst vor Fahrstühlen oder Tierphobien (»Katzen gehen ja gar nicht«). Es handelt sich stets um vermeidbare Ängste. Denn statt des Flugzeugs kann man die Bahn nehmen, statt des Fahrstuhls die Treppe, und die Frau mit der Katze kann man schließlich im Hotel vögeln. Klappt doch, man kann seinen Ängsten ausweichen, sagt sich der Narzisst. In Wahrheit handelt es sich aber um eine Verschiebung, einen kleinen Trick seiner Seele: So verdrängt er geschickt seine eigentlichen großen Ängste – vor Freiheitsbeschränkungen, vor unumgänglichen Notwendigkeiten und vor dem Altern – auf eine Nebensächlichkeit, um dort Linderung zu erfahren.

Mit dem Sonnyboy zu verhandeln ist schwer, denn er kann nicht auf sein Gegenüber eingehen und eine andere Position als die seine nicht wirklich verstehen. Sagt man ihm: »Du bist blöd«, antwortet er einfach: »Selbst blöd.« Das ist seinem Reflex geschuldet, jeden

Vorwurf in eine Gegenkritik zu verwandeln. Auf dass bloß nichts an ihm haftenbleibt. Spieß umdrehen, ablenken, verschieben und, wenn nichts mehr geht, knallhart leugnen, das kann er gut. Für den Partner ist das ziemlich ermüdend. Wir alle sind – mehr oder weniger – dazu erzogen worden, Dinge sachlich anzupacken, Lösungen zu finden, rational zu bleiben und uns respektvoll mit dem Gegenüber auseinanderzusetzen. Der Narzisst tritt genau diese Regeln mit Füßen, zaubert aus dem Nichts ein Argument, das mit der aktuellen Diskussion rein gar nichts zu tun hat, und versucht vor allem Schuldgefühle beim Partner auszulösen. Hintergrund dieses Verhaltens ist reine Projektion. Wer permanent versucht, anderen eine Schuld zuzuschieben, der leidet womöglich selbst unter den Schuldgefühlen einer immer größer werdenden Lebenslüge.

Ist selbst für den Narzissten die Situation irgendwann ausweglos, wird er krank. Und schon ist die moralische Keule auf seiner Seite, alle müssen sich um ihn kümmern. Ein Spiel, das erwachsene Kinder narzisstischer Elternteile oftmals bis zu deren Tode mitspielen.

So müsste man folgerichtig sagen, einen narzisstischen Blender kann man nicht »richtig« behandeln, den kann man eigentlich nur verlassen. Aber das würde den Menschen nicht gerecht, die ein etwas schillernderes, bunteres Leben lieben, den guten Dingen zugeneigt und deshalb gern an der Seite eines Sonnyboys sind. Ohne Hysteriker wäre unsere Welt ganz schön langweilig. Wer würde dann im Fernsehen die Nachrichten ansagen, wer auf der Theaterbühne stehen, kreative Ideen entwickeln oder als Model über Laufstege stöckeln? Deswegen ein paar Hinweise, wie man mit Menschen umgeht, deren Lebensmotto »Drama« lautet.

»Nein« und »Stopp« sind zwei sehr wichtige Worte. Es muss klar sein, wo die Grenze ist und dass eine Übertretung nicht geduldet wird. Wenn die Familienfeier mit der Leidensgeschichte strapaziert wird, die niemanden interessiert, und die »Diva« beleidigt den ganzen Abend in der Ecke sitzt, dann muss sie eben die Party frühzeitig verlassen. Es ist nicht hinzunehmen, dass eine Person den ganzen Abend sprengt. Da müssen alle »mitziehen«, das Verhalten als solches erkennen und entsprechende Sanktionen unterstützen. Narzissten haben ein sehr feines Gespür dafür, wo sich eine Gummiwand bietet und wo die Betonwand ein Ende signalisiert.

Bleiben Sie cool, wenn Sie provoziert werden! Der »Typ Wechsel« kennt Ihre Schwächen, weiß, wo er Sie treffen kann. Üben Sie, einfach nichts zu sagen, nehmen Sie alles nicht so ernst! Am besten begegnen Sie ihm mit Humor. Wenn nichts hilft, rufen Sie halt: »Drama, Baby!« Die Botschaft muss lauten: Ich lasse mich nicht aus der Ruhe bringen.

Mit einem Hysteriker zu leben ist ein bisschen, wie mit einem kleinen Kind umzugehen. Aber Achtung, wenn Sie mit ihm auch wie mit einem Kind sprechen, dann verstärkt das die narzisstische Kränkung. Viel besser ist die positive Konditionierung. Loben Sie Ansätze der Reflexion und des kooperativen Miteinanders! Narzissten freuen sich über Anerkennung.

Wenn Sie selbst dazu neigen, die Dinge sehr analytisch zu sehen, oder ein großes Gerechtigkeitsbedürfnis haben, dann schrauben Sie Ihre Ansprüche etwas zurück. Mauern Sie den Hysteriker nicht argumentativ ein, lassen Sie ihm ein wenig »Gummiwand«! Denn fühlt er sich in die Ecke gedrängt, wird er Ihnen Dinge vorwerfen, die mit der eigentlichen Sache nichts zu tun haben. Es ist besser, etwas schwammig zu bleiben, deswegen muss man ja trotzdem nicht alles hinnehmen. Hier rein, da raus, ist eine gute Methode, denn der Narzisst löscht sowieso alle zwölf Stunden seine Festplatte. Bauen Sie eine Brücke, lassen Sie ihm einen Ausweg oder Rückzug offen und – behalten Sie den Humor.

Dermaßen positiv gestimmt, kann der hysterische Mann ein unterhaltsamer und vor allem sehr kreativer Partner sein, der viele neue Impulse, Eindrücke und Erlebnisse in eine Beziehung oder Ehe bringen kann.

Typ Nähe (der melancholische Diener)
Seine Körpersprache ist weich, warm, herzlich, umarmend, aber zurückhaltend. Der Diener ist in beruflichen Dingen ein ausgezeichneter Mediator und geschickter Verhandler, der Leute an einen Tisch bringt und gern zwischen allen vermittelt. Sein Tonfall ist ruhig, manchmal zögerlich und eher leise. Er stellt nie die eigene Person in den Vordergrund.

Sicherheit, die Dinge »Schritt für Schritt gehen«,

Vorsicht, Vertrauen, Sorgfalt vor allem auch gegenüber den Gefühlen von anderen – das ist seine Welt. Was er braucht, sind menschliche Bindungen, Geborgenheit, Zärtlichkeit, Bestätigung und Harmonie. In der Beziehung kommt man ihm entgegen, wenn man auf seinen großen Wunsch nach körperlicher und emotionaler Nähe eingeht.

Problematisch für eine Beziehung wird es, wenn Eifersucht aufkommt oder die Angst, man könnte möglicherweise verlassen werden, auch dann, wenn die Abhängigkeit allzu groß oder der Partner gestalkt wird. Ebenfalls belastend sind der »eingebildete Kranke«, das »ewige Opfer« und der aggressionsgehemmte Mann, der alles in sich hineinfrisst. Bei Letzterem kann sich das auch in Körperfülle niederschlagen. Bezeichnend für diesen Typ sind Sätze wie »Ich liebe dich so sehr, dass ich in dich hineinkriechen könnte« oder »Am liebsten wäre ich mit dir eins«. Man erkennt den Diener daran, dass er sich wie eine Klette an einen bindet, schon das Bedürfnis des Partners nach Rückzug nach einem anstrengenden Tag kann bei ihm Verunsicherung und Ängste auslösen. Typische Dialoge sind dann: »Du hast doch was, sag mir doch, was mit dir ist.« Antwort: »Nein, ich bin müde, möchte nur kurz entspannen.« Er: »Aber ich spüre doch, da ist etwas.« Und so geht es immer weiter.

Wo der General misstrauisch neue Kontakte auf ihre Vertrauenswürdigkeit abklopft, könnte der Diener nicht liebenswürdiger sein. Er findet in allem einen guten Kern. Er idealisiert Menschen, mehr noch, er entschuldigt sogar dann noch grenzwertiges Verhalten, wenn alle anderen schon die rote Flagge schwenken. Er verharmlost offensichtliche Schwächen und versucht zu vermitteln. Genaugenommen will er die Nachteile, Probleme, Defizite von anderen gar nicht wahrhaben. Wer so bedingungslos liebt, kann das Böse im Menschen nicht ertragen.

Tragisch ist die Tatsache, dass der Diener sich seine Wünsche versagt. Er opfert sich sozusagen, obwohl sein Partner oder seine Partnerin das gar nicht von ihm verlangt. Gleichzeitig hofft er, für dieses Verhalten belohnt zu werden. Das ist aber schwierig, weil sein Sich-Opfern vom Umfeld gar nicht erkannt wird. So gerät der »Typ Nähe« oft in eine Enttäuschungsspirale. Das drückt sich in Sätzen aus wie »Ist ja mal wieder klar, dass ich keinen Parkplatz finde, bei meinem Pech immer!«. Wenn man sich nie traut zuzupacken, dann ist es kein Wunder, dass man sich überall und immer benachteiligt fühlt.

In der Partnerschaft löst die Hemmung, eine gesunde Aggression zu zeigen, große Probleme aus, denn das Gegenüber kann so keine Grenzen aufzeigen. In einer Beziehung geht es aber auch um das Aushandeln von Spielregeln, vor allem zu Beginn. Der Soziologe Ulrich Beck spricht in diesem Zusammenhang von »Aushandlungsbeziehungen«, das bedeutet, die Partner teilen sich auf unterschiedlichen Wegen und mit diversen Signalen mit, was »o. k.« ist und wo der Bogen überspannt wird. Aber der Diener will ja gerade sein Ich nicht in den Vordergrund stellen, will sich anpassen, es den Liebsten recht machen. Die Kommunikationsfalle, die so entsteht, wird erst Jahre später offenbar und lässt sich dann nicht mehr beheben, weil sich die Dinge bereits »eingeschliffen« haben.

Beim »Typ Nähe« kommt das aber alles als mangelnde Wertschätzung an, schlimmer noch, als mangelnde Beantwortung seiner Liebe, ja seiner Person. Ein Gefühl, das er oftmals schon sein ganzes Leben lang hat, war es doch bereits bei Vater oder Mutter schwierig, die notwendige Beantwortung zu finden.

Den Diener richtig zu behandeln beginnt damit, ihn überhaupt als solchen zu erkennen, und vor allem, sich gegen seine »bequemen« Hilfestellungen und Unterstützungsangebote zu wehren. Denn wer nicht nein sagen kann, schadet sich und anderen. Deshalb muss man bereit sein, sich dem Thema zu stellen, die Mechanismen aufzudecken und dem Partner verständlich zu machen. Wenn er dann versteht, dass gelegentliche Distanz keine Absage an die Beziehung ist, dann findet man in ihm einen wunderbaren, liebevollen Partner.

*Typ **Distanz** (der abwesende General)*
Seine Körpersprache ist von raumgreifenden Machtgesten bestimmt. So sitzt er etwa die Beine gespreizt und mit hinter dem Kopf verschränkten Armen auf dem Sofa. Sein Auftritt ist dominant und selbstsicher, der Blick kühl und direkt. Sein Tonfall ist oft schärfer,

als es der Situation angemessen ist, abweisend und fordernd. Der Mann spricht eher bestimmt oder gleich im Kommandoton. Seine Welt sind Resultate und Ergebnisse, Profit, alles muss messbar sein oder zumindest einen (ökonomischen) Sinn ergeben. Auch Beziehungen haben einen Nutzen, aber bitte, zack, zack! Was er braucht sind Abgrenzung, Freiheit, Unverwechselbarkeit, Rationalität in Denken und Handeln. Sein Credo ist: »Bauchgefühl ist Mist.« In der Beziehung kommt man ihm entgegen, wenn man ihm ein hohes Maß an Freiheit und die Möglichkeit zum Rückzug gewährt. Im Alter zeigen diese Menschen ein großes Bedürfnis, nicht auf fremde Hilfe angewiesen zu sein.

Ein Charakteristikum, an dem Sie den »Typ Distanz« mit seinen schizoiden (abspaltenden) Elementen gut erkennen können, ist die Schnelligkeit, mit der er auf bestimmte Situationen in ungewöhnlicher Schärfe reagiert. Es sind die Relais seiner mechanischen Ersatzkonstruktion für mangelnde empathische Fähigkeiten. Eine intellektuelle Brillanz, die das Einfühlungsvermögen in das Gegenüber substituieren soll, es aber natürlich nicht ersetzen kann. Das Problem ist, der Distanz-Typ kann seine Ausbrüche kaum kontrollieren. Sie spulen sich einfach ab, oftmals in viel zu hoher Dynamik, wenn man – auch ganz unbeabsichtigt – in den Sicherheitsbereich des Distanzmenschen einbricht. Man fragt sich: »Woher kommt das gerade?«, und findet doch keine sinnvolle Erklärung.

In einer sich anbahnenden Beziehung oder bei einem

Flirt wirken die negativen Charaktereigenschaften des Generals anziehend und »stark«. Das ist ein Trugschluss, den ich persönlich für genetisch bedingt halte. Es wird sozusagen evolutionär der »starke Versorger« gesucht, und ein dominant auftretender Mann verkörpert ihn erst einmal. Seine Distanz, seine Unnahbarkeit, seine Arroganz und sein schneidiges Auftreten sind in Wirklichkeit aber nur Schutzhaltungen einer verletzlichen Person, die keine gewöhnlichen Mechanismen des Miteinanders entwickeln konnte. Vereinfacht gesagt: Sie daten einen Bären, und am Ende müssen Sie feststellen, Sie haben eine Maus zu Haus.

Der Mann misstraut allem und jedem, Menschen sind per se erst einmal nicht vertrauenswürdig, ja genaugenommen, sogar gefährlich! Vertrauen muss sich der neue Bekannte, die neue Freundin erst einmal »erarbeiten«.

In der Sexualität ist Selbstbefriedigung ein wichtiges Thema, der Mann ist sich im wahrsten Sinne des Wortes selbst genug, manchmal entwickelt sich auch eine hohe Abhängigkeit von Online-Pornos oder -Chats. Oder er weicht auf andere Ersatzobjekte aus, zum Beispiel einen Fetisch.

Dieser Typ ist in sich hochempfindlich und labil, jede kleine Attacke nimmt ihn schwer in Beschlag. Die heftige Reaktion darauf ist nichts anderes als ein Befreiungsschlag. »Besser der andere hat das Problem, als ich behalte es«, hat mir ein Distanz-Mann einmal anvertraut. Und so ist der Ausbruch keineswegs von einem schlechten Gewissen begleitet, im Gegenteil. Das Übel ist aus »dem System« entfernt worden.

Die dunkle Seite des Generals ist der größenwahnsinnige Dünkel, das Maß aller Dinge zu sein. Dieser geht einher mit der Ablehnung von Ethik und Moral. Schuldgefühle sind ihm fremd, er braucht vor allem geschäftliche Kontakte, und recht ist alles, was ihm genehm ist. Letzteres mündet bei starken Persönlichkeiten auch schnell in Selbstgerechtigkeit und Selbstgesetzlichkeit. Wenn Sie nun an einen prominenten US-Politiker denken, ist das ganz sicherlich reiner Zufall.

Diese Generäle haben aber auch eine gute, oft produktive, gelegentlich sogar geniale Seite. Die hohe Kreativität ist das Ergebnis ihrer Ungebundenheit, des »thinking out of the box«, wie man heute sagen würde. Grenzen sind ihr Geschäft, damit sind durchaus die Grenzen des Menschlich-Existentiellen gemeint. Wenn der General seine Ängste, sein Leid und seine übertriebene Empfindsamkeit im Griff behält, dann kann er ein interessanter, kommunikativer und auch zuverlässiger Gefährte sein. Am glücklichsten ist er wohl, wenn seine Partnerin es versteht, ihn nicht zu bedrängen, und ihm unaufdringlich etwas Geborgenheit und ein Stück Heimat geben kann. Dann besteht die Hoffnung, dass er eine tiefe Dankbarkeit entwickelt.

Selbstverständlich kann die Beschreibung dieser vier Charaktere, der sogenannten »Personas«, nur ungefähr sein und nicht allumfassend. Zudem entsprechen die meisten Menschen nicht nur einem der vier Typen, sondern ihre Charaktere sind in der Regel eine Kombination der Eigenschaften dieser vier Typen. Sprich: Den »reinen General« gibt es ebenso selten wie den »ewig melancholischen Diener«. Es geht hier darum, besondere Merkmale zu verdeutlichen, damit man sie bei sich und dem Lebenspartner leichter identifizieren kann.

Das »Dawendi-Modell«, dessen Anwendung ich empfehle, steht im Widerspruch zu den vielen Beziehungsratgebern auf dem Buchmarkt, die pauschale Tipps geben und versprechen, man müsse sich, um den richtigen Partner zu finden und eine gute Beziehung zu führen, nur an bestimmte Regeln halten, wie zum Beispiel: »Rufen Sie niemals an, lassen Sie immer ihn die Initiative ergreifen!« Wenn der Angebetete dann ein schüchterner Analyst ist, wird man wohl nie mit ihm zusammenkommen. Technische Tipps, Verallgemeinerungen und gutgemeinte Ratschläge aus der Kategorie »Männer sind so, und Frauen sind auch nicht besser« rufen vielleicht Lacher hervor – wie in Mario-Barth-Sendungen –, eine Hilfestellung für die eigene Beziehung sind sie jedenfalls nicht. Viel wichtiger ist zu wissen, welchen Typ man selbst verkörpert und welchen man als Gegenüber hat. Nicht nur in der Partnerschaft, auch im Beruf, in der Familie und in freundschaftlichen Beziehungen. Denn wer versteht, wie sein Gegenüber funktioniert und von welchen Ängsten und Glaubenssätzen es gesteuert wird, der kann auf diese Bedürfnisse eingehen, Handlungen besser einordnen und auch die eigene Position bewusster bestimmen. Das ist die Grundlage für die verständnisvolle Kommunikation zwischen Paaren.

Verstehen und verhandeln

Wie ich bereits angedeutet habe, fällt es Partnern, die ähnlich strukturiert sind und gleichgerichtete Vorstellungen vom Leben haben, leichter, Krisen zu meistern und lange zusammenzubleiben. Man versteht den anderen besser und kann Defizite thematisieren, ohne dass der andere gleich »aus der Haut fährt«. Woran liegt das?

Wenn Ihr Mann Auto fährt, und Sie sagen zu ihm: »Du, da vorn kommt einer von rechts«, wird er möglicherweise verärgert antworten: »Fahre ich oder du?« Eigentlich haben Sie es ja nur gut gemeint, aber er hört aus dem kleinen Satz Dinge heraus, die Sie gar nicht so im Sinn hatten. Vor allem den Vorwurf, den viele Männer besonders schlimm finden: Du kannst nicht Auto fahren. Hier beginnt dann in der Regel die Du-Kommunikation, also ein Beschuldigungsmechanismus: »Du hast mich verletzt«, »Du tust immer dies oder jenes«, »Du bist schuld«. Diese Art der Kommunikation führt schnell dazu, dass sich die Situation verhärtet: Das Gegenüber nimmt eine passive Schutzhaltung (Typ Nähe) ein oder »schießt« sofort aggressiv zurück (Typ Wechsel).

Wer hingegen eine »Ich-Kommunikation« pflegt und die Problemsituation zunächst einmal auf sich selbst bezieht – »Das macht mich traurig/wütend«, »Deine Aussage macht mich betroffen« –, der öffnet die Tür zu einer Auseinandersetzung, bei der das Gegenüber womöglich sogar bereit ist, über seinen eigenen Anteil an dem Streit zu sprechen.

Handelt es sich um ein ähnlich gestricktes Paar, ist die Bereitschaft größer, die Sache gemeinsam zu lösen, denn ein erster Schritt ist schon getan: Das Verständnis für den Partner und für die Ursache seines Verhaltens sind gegeben. Die Bewertung der Wirkung, also die Handlung selbst, ist insofern leichter zu akzeptieren, weil sie für den Partner einzuordnen ist.

Der Kommunikationspsychologe Friedemann Schulz von Thun hat schon 1981 in seinem »Vier-Seiten-Modell« darauf hingewiesen, dass eine Nachricht auf vier verschiedenen Ebenen bzw. unter vier verschiedenen Aspekten aufgenommen wird: auf der Sach-, auf der Offenbarungs-, auf der Beziehungs- und der Appellebene. Man bezeichnet dieses Quadrat auch als die »vier Seiten einer Nachricht«. Auch hier gilt: Die Dosis macht das Gift. So kann die Störung in der Kommunikation von einem kleinen Missverständnis bis hin zu einer pathologischen Beziehung eskalieren.

Schulz von Thun kombiniert in seinem Vier-Seiten-Modell psychologische und sprachliche Ansätze. Das bedeutet, er betrachtet jede Aussage unter einem inhaltlichen wie auch unter einem Beziehungsaspekt.

1. Die auf den sachlichen Aspekt gerichtete Information (worüber wird informiert?): Hier werden Fakten, Daten und Informationen übermittelt. Rechtsanwälte und Rechthaber lieben diese Ebene. Das Unsachliche ist verpönt! Verständlichkeit, Klarheit und sprachliche Präzision sind angesagt. Der Empfänger prüft die erhaltene Information ebenfalls nach sachlichen Kriterien wie Wahrheitsgehalt, Relevanz und Hinlänglichkeit (also darauf, ob die übermittelte Information ausreichend ist).

2. Auf den Sprecher bezogener Aspekt (was ich über mich selbst preisgebe), auch als »Offenbarung des Sprechers« bezeichnet. Mit jeder Äußerung, die wir machen, geben wir etwas über uns preis. Ungeübte Diskutanten wissen gar nicht, dass man in ihren Äußerungen lesen kann wie in einem offenen Buch. So kommt die Wahrheit oftmals in ihr Gegenteil verkehrt daher. Wer sagt: »Sie wollen mich wohl über den Tisch ziehen«, ist wahrscheinlich gerade selbst dabei, es zu versuchen. Deswegen wird dieser Aspekt auch »Ich-Botschaft« genannt.

3. Auf die Beziehung bezogener Aspekt (wie wir zueinanderstehen). Auf dieser Ebene wird transportiert, wie sich die Gesprächspartner miteinander verhalten und welche Einschätzung sie voneinander haben. In einer Paarbeziehung ist das die gefährlichste Ebene. Hier lauert – ganz nach »Tonalität« –

Wertschätzung, Respekt, Verachtung, Geringschätzung oder Wohlwollen. Das Ohr des Hörers ist dabei darauf gerichtet, Respekt, Bevormundung, Herabsetzung oder Akzeptanz herauszuhören.

4. Auf die beabsichtigte Wirkung bezogener Aspekt (wozu ich den anderen motivieren möchte) – auch als Appellebene bezeichnet. Man äußert sich in der Regel, um irgendetwas zu bewirken. Das kann offen oder verdeckt geschehen, es kann im Imperativ erfolgen, – »Mach das bitte jetzt!« – oder als indirekte Manipulation daherkommen. Auf dem Appell-Ohr sind viele Ehemänner nach Jahren taub, wie die meisten Ehefrauen bestätigen werden.

Mit der Analyse der vier Kommunikationsebenen sind wir bei der Konklusion dieses Buches angekommen, geht es doch nicht nur um das Gesagte oder gar um Emotionen, sondern stets darum, wie wir beides deuten und welche Schlüsse wir für uns daraus ziehen. Denn wenn Sender und Empfänger ganz unterschiedliche Vorstellungen davon haben, was da gerade vermittelt wurde, dann kommt es unweigerlich zu Konflikten. Ganz konkret möchte ich das an dem bereits erwähnten Beispiel darstellen. Die Botschaft der Beifahrerin »Du, da vorn kommt einer von rechts« kann vom Mann am Steuer in vierfacher Hinsicht gedeutet werden:

1. Auf der Sachebene: Es nähert sich ein Wagen von rechts.
2. Auf der Appellebene: Bremsen!
3. Als Selbstoffenbarung: Ich habe Angst.
4. Auf der Beziehungsebene: Ich bin die bessere Fahrerin, oder: Ich möchte helfen.

Was der Sender wirklich meinte, lässt sich möglicherweise aus der Tonalität ableiten oder eben einfach aus der Erfahrung, die man mit seinem Partner über Jahre gemacht hat. Doch nicht nur der Sprecher ist von Bedeutung, sondern auch der Empfänger. Nicht umsonst sagt der Volksmund: »Ich habe kein Ohr dafür.« Denn wer immer wieder in verschobener Weise Dinge aufnimmt, die ihm gesagt werden, der wird auch immer wieder in einer für andere unangemessenen Art und Weise darauf reagieren.

So kann es Andreas Hickstein gar nicht ertragen, wenn ihn seine Kinder beim Autofahren »belehren«, wie er es nennt. Er wird geradezu wütend und beschimpft sie, »keinen blassen Schimmer vom Autofahren« zu haben. Sie sollten »erst einmal den Führerschein machen«. Ein 59-jähriger Mann, der Probleme damit hat, dass seine Tochter ihm sagt: »Achtung, Papa, von rechts kommt jemand.« Dass das Kind übervorsichtig ist und Angst vor einem Zusammenstoß hat, kann Andreas nicht hören. Als Narzisst versteht er nur, dass ihn jemand kritisiert. Für die Tochter ein Drama, hat sie es doch nur gut gemeint.

Im Folgenden möchte ich nun das »Dawendi-Modell« wie eine Folie über das Vier-Seiten-Modell aus der Kommunikationspsychologie legen. Der Clou daran ist, dass die »vier Typen« zu den »vier Ohren« passen. Sie nehmen Botschaften eben insbesondere so auf, wie es ihrem wesentlichen Charakterzug entspricht.

1. Sachliche Aspekte = Der Analyst: Er wird sich bemühen, die Dinge stets sachlich, korrekt und ohne Ausschmückungen zu kommunizieren.

2. Offenbarende Aspekte = Der Narzisst: Bei ihm scheinen Aspekte seiner charakterlichen Defizite stets am stärksten durch, wird er doch versuchen, der Botschaft etwas Überhöhendes, Manipulatives, Dramatisches oder Übertriebenes mitzugeben.

3. Beziehungsaspekte = Der Nähe suchende Verhandler: Er ist sich der Wirkung von Kommunikation besonders bewusst und wird die Botschaft so ausformulieren, dass der Empfänger sie möglichst so versteht, wie sie gemeint ist.

4. Der Appell = Der General: Ihm geht es darum, klar und deutlich eine Anweisung zu geben, eine zweite Ebene gibt es nicht. Sein Ziel ist, dass das Manöver ausgeführt wird.

Vier-Seiten-Modell der Kommunikation*

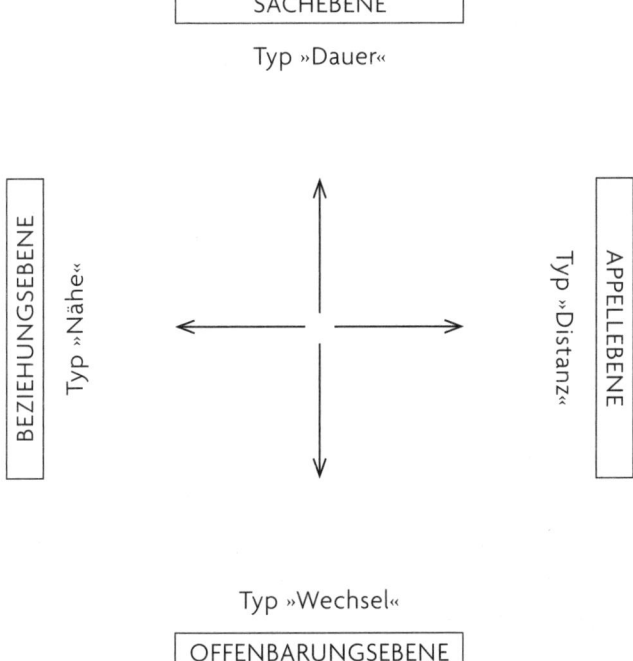

SACHEBENE

Typ »Dauer«

BEZIEHUNGSEBENE

Typ »Nähe«

Typ »Distanz«

APPELLEBENE

Typ »Wechsel«

OFFENBARUNGSEBENE

* Angelehnt an Friedemann Schulz von Thun.

Natürlich ist es so, dass alle Menschen auf allen vier Ebenen kommunizieren. Aber die Gewichtung der einzelnen Aspekte macht »die Musik«. Und diese Tonalität hängt eben auf der einen Seite sehr stark von der Frage nach den dominierenden Eigenschaften eines Menschen ab. Auf der anderen Seite selbstverständlich auch von den dominierenden Eigenschaften des Zuhörenden, dessen Ohr eben in der einen oder anderen Art und Weise durchlässig ist für »Zwischentöne«. Herauszufinden, ob es diese tatsächlich gibt oder ob der Empfänger den Sender zur Projektionsfläche seiner Defizite macht, stellt eben gerade die Herausforderung in der partnerschaftlichen Kommunikation dar.

Deshalb behaupte ich, dass gleichgerichteten Paaren die Kommunikation leichter fällt, weil man eben mehr Verständnis vom Partner erwarten kann und insgesamt weniger Hemmungen bestehen, sich mit seinen Problemen dem Gegenüber zu öffnen. In der Kommunikation sind die Ohren sozusagen ähnlich eingestellt. Die jeweiligen Codes sind aus der Kindheit bestens vertraut, und so verstehen sich die Partner hier, ohne erläutern zu müssen, warum ein bestimmtes Wort, ein Satz oder eine Handlung »das Drücken eines roten Knopfes« bedeuten kann. Oder anders formuliert: Das Wesen des Gegenübers, seine Eigenheiten und Charakteristika werden auf ganz natürliche Weise beantwortet. Das führt zu einer stabilen Verbindung.

Basierend auf den Grundformen unserer individuellen Ängste stellen wir jeweils eine Mischung aus den vier hier in diesem Buch vorgestellten Charakter- wie auch den dazu passenden Kommunikationstypen dar. Dabei ist es aber eben doch so, dass gewisse typologische Eigenschaften besonders hervortreten. An diesen sind wir zu erkennen, und an diesen erkennen wir andere. Legt man die beiden hier vorgestellten Modelle übereinander, gewinnt man darüber hinaus Kenntnis über die spezielle Ausrichtung, mit der das Gegenüber kommuniziert, wichtiger noch, man bekommt ein Bewusstsein für dessen spezifische Wahrnehmungsfilter. So lassen sich im Kleinen Missverständnisse und im Großen Störungen vermeiden.

Dennoch: Es gibt Partner, die sich grundsätzlich einer Lösung gemeinsamer Probleme durch mangelnde Selbstreflexion verweigern. Das »offene Ohr« aber brauchen beide Seiten. Ansonsten sind Verständnis und Verständigung nicht möglich.

Als das Telefon nicht klingelte,
wusste ich, dass du es warst.
(Dorothy Parker)

Ihre Beantwortung
und seine Verbindung

Unsere kindliche Entwicklung reicht vom Ich über das Du zum Wir. Wobei wir in den vorangegangenen Kapiteln feststellen konnten, dass manche Menschen in einem bestimmten Entwicklungsstadium steckenbleiben. In einigen meiner Gespräche konnten die Betroffenen den Zeitpunkt sogar ganz gut beschreiben. So sagte beispielsweise eine Frau, es sei der Moment gewesen, als ihr Vater Haus und Familie wegen einer anderen Frau verlassen hat. Damals war sie vierzehn, aber viele ihrer Probleme reichen heute, Jahrzehnte später, noch an ebendieses Datum zurück.

Bei der Arbeit zu dem vorliegenden Buch bin ich, wie mehrfach erwähnt, häufig Menschen begegnet, deren Beziehungsprobleme auf die gegengeschlechtliche Prägung in der Kindheit zurückzuführen sind. Das ist nicht verwunderlich: Wir schauen uns die Rollenmodelle bei den Eltern ab, sie sind unsere ersten Liebespartner. Kinder beobachten, wie Vater und Mutter miteinander umgehen, sie bekommen mit, ob in der Familie ein liebevoller oder eher ein distanzierter Umgang gepflegt wird und ob Zusammenhalt eine Rolle spielt oder eher nicht.

Noch stärkeren Einfluss auf die Wahl des Partners, den wir uns Jahre später aussuchen, hat wohl die gegengeschlechtliche Prägung. In der Regel ist das die Prägung durch den Vater oder die Mutter, es können aber auch andere Personen sein wie die Großmutter, ein Onkel oder ein Geschwisterteil, wenn die Eltern nicht zur Verfügung standen: Ein nicht antwortender, emotionsloser oder – aus beruflichen Gründen – abwesender Vater macht dann einen distanzierten Lebenspartner Jahrzehnte später zu einem begehrenswerten Objekt. Dabei schwören fast alle Frauen, mit denen ich sprach, dass sie das exakte Gegenteil gesucht hätten, dann aber doch bei bekannten Mustern gelandet seien. Das ist so wie mit dem alten Zweimannzelt, das man nach Jahren vom Dachboden holt. Es riecht fürchterlich moderig, und doch ruft es schöne Kindheitserinnerungen wach ans Pfadfinderlager oder laue Sommernächte draußen im Garten. Es verkörpert den Sound der Jugend.

Wenn sich also Menschen in bestimmter Konstellation geradezu magisch anziehen, dann treffen sie auf die »gegengeschlechtliche Reizfigur«, wie ich sie nenne. Die betreffende Person muss dann aber eben nicht notwendigerweise der ideale Lebenspartner sein.

So werden zurückhaltende, Nähe suchende Frauen mit einer hohen Sehnsucht nach Verschmelzung oftmals magisch angezogen von narzisstischen Blendern und Sonnyboys. Denn der Sonnyboy bringt nicht nur Leben in die Bude, er braucht die Dienerin auch. Sie ist sein Bespiegelungsobjekt, versichert ihm seine Grandiosität, schwört ewige Liebe, auch wenn er andauernd fremdgeht, und sie ist glücklich, ihr eigenes Ich in den Hintergrund zu stellen, um sein Ich zu fördern.

Natürlich funktioniert die Anziehung auch umgekehrt, mit dem Softboy, einem Typ Mann, den ich hier den »Reifenwechsler« nenne. Er vergöttert die hysterische Blondine. Sie ist zwar nur einmal kurz in einer TV-Nachmittagsshow aufgetreten, sucht aber stets die ganz große Bühne. Er ist ihr Diener, ihr Objekt, er erledigt einfach alles. Reifen wechseln, Computer einrichten, Steuererklärung machen, was auch immer es ist, er tut es gern, und sie hält ihn sich warm, bis etwas Besseres kommt. Außenstehende kommentieren solche Beziehungen gern mit dem Satz »Wie kommt dieser Typ an diese Superfrau?«. Nun, sie haben beide eine geradezu suchtähnliche Beziehung zueinander. Denn er gibt ihr, was sie am dringendsten braucht: Bestätigung. Bei einem Mann auf Augenhöhe wäre sie sich da schon gar nicht mehr so sicher. Er wiederum braucht die Verbindung, ihre Nähe, ihre Verfügbarkeit als Liebesobjekt.

Neben der gegengeschlechtlichen Reizfigur gibt es noch eine zweite Konstellation, die Paarbeziehungen prägt, wie ich ebenfalls meinen zahlreichen Gesprächen entnehmen konnte: Ich nenne sie die Begegnung im Kinderschmerz. Auf Mathias und Kerstin trifft das beispielsweise zu. Beide haben jung geheiratet, bei beiden sind die Mütter früh verstorben. Die Mutter von Mathias war eine hysterische Frau, die stets das große Drama suchte, Familienfeiern sprengte, die eingebildete Kranke gab und, wenn die Aufmerksamkeit nicht reichte, schon mal, schmollend in der Ecke sitzend, den Weihnachtsabend implodieren ließ. Der kleine Mathias tat sein Bestes, die Mutter nicht zu reizen: Er baute ihr Brücken zurück in die familiäre Gemeinschaft und tat alles, um Aggression und Ärger zu mildern. Eine unerträgliche Situation, die das Kind überforderte und heute immer noch das Leben von Mathias prägt. Er musste früh die Rolle des Erwachsenen übernehmen, weil seine Mutter ein Kind geblieben ist. Vor allem aber war der familiäre Kontext nicht stabil und nicht von Vertrauen geprägt. Aus Mathias wurde ein – zum Glück – fröhlicher Analyst. Seine Motive liegen in Sicherheit und Beständigkeit. Er hat Kerstin früh geheiratet, ein schönes Haus gekauft, Kinder bekommen und arbeitet bei einer Bank.

Kerstins Mutter ist auch früh verstorben, was ein gewisses Verständnis der beiden füreinander mit sich bringt. Möglicherweise wird dies zwischen Kerstin und Mathias als verbindendes Element vermutet, doch die

Dinge liegen tiefer. Denn Kerstin hat auch ein schwieriges, gegengeschlechtliches Verhältnis. Der Vater, ein narzisstisch gestörter Blender mit großspurigen Ankündigungen, aber reichlich wenig echtem Interesse an seinen Kindern. Jede Kleinigkeit bringt »das Fass zum Überlaufen« und lässt ihn völlig überzogen reagieren. Als Kerstin gerade schwanger und mit ihrem Mann in das neue Haus eingezogen war, wollte der Vater ihr seinen alten Holzkohlegrill schenken. Nett gemeint, aber Kerstin wollte den Grill nicht. »Dann eben nicht«, schrie er sie an. Er war so beleidigt, wie man es eben nur von Kindern kennt, und brach den Kontakt zu ihr über zehn Monate lang ab.

Kein Wunder, dass Kerstin Diskussionen mit ihrem Vater lieber ihrem Mann Mathias überlässt. Klar, denn der weiß, mit diesem Typus umzugehen. Er kann dessen Attacken freundlich zurückweisen, ihm gegenüber bestimmt auftreten – »bis hierhin und nicht weiter« – und zugleich eine harmonische Beziehung zu Kerstin aufbauen.

Sie und Mathias führen eine Partnerschaft, in der sie sich gegenseitig aufeinander verlassen können. Die beiden haben sich im Bierzelt auf einem Volksfest kennengelernt. Dort trafen ihre Blicke quer durch den überfüllten Raum aufeinander, in diesem Moment haben sie sich erkannt. Nicht an Äußerlichkeiten, sondern am Gemeinsamen: dem nonverbalen Verständnis für einen Schmerz, das diese Verbindung lange tragen wird.

Worum es hauptsächlich in Paarkonstellationen

immer wieder geht, ließe sich mit zwei Begriffen zu-
sammenfassen: Verbindung und Beantwortung. Und so
möchte ich dieses Buch mit zwei Thesen schließen, die
sich aus meinen Beobachtungen ergeben haben und die
nicht als Ausgangspunkt einer Forschungsarbeit verstanden werden sollen.

1. These: Seine Verbindung und ihre Beantwortung – ein Lebenskreislauf

Sicher, es gibt alle möglichen Beziehungskonstellatio-
nen, aber es ist doch auffallend, dass Frauen sehr oft
unter einer mangelnden *Beantwortung* durch das männliche Rollenmodell, also in der Regel den Vater, leiden.
Die vernachlässigten Töchter, die den Vater als Gefall-
tochter (durch gutes Aussehen), als Leistungstochter
(durch gute Noten und beruflichen Erfolg) oder gar als
provozierende Protesttochter zu erreichen suchten und
heute noch suchen, haben diesen Zusammenhang in
vielen Zuschriften und Interviews hergestellt. Mangelväter, die abwesend waren, emotional kühl oder einfach
desinteressiert und kaum eine Ahnung davon haben,
was das für das gesamte Leben ihrer Töchter bedeutet.

Bei den Gesprächen mit Männern schien es stets
mehr um die mangelnde Fähigkeit zu gehen, eine
funktionierende *Verbindung* aufzubauen. Entweder
war die Beziehung, über die sie mit mir sprachen, von
vorneherein emotional gestört und hatte einen Ob-
jekt-Charakter, oder sie war sogar frigide und in Aus-

nahmesituationen von Erektionsstörungen belastet. Der Grund hierfür war auch wieder sehr schnell in der mangelnden Beantwortung durch das weibliche Rollenmodell zu finden, in der Regel durch die Mutter. Häufige Probleme waren mangelnde körperliche Zuwendung und vorenthaltene Nähe in der Kindheit und Jugend. Kurzum, es fehlte nicht nur an einem geeigneten Rollenvorbild von Mann und Frau, sondern diese Männer hatten auch ganz praktisch nie gelernt, eine emotionale Beziehung zu anderen Menschen aufzubauen.

Es ist nicht zu weit hergeholt, hier einen Kreislauf zu erkennen: Aus Mangelsöhnen, denen die Werkzeuge zur Verbindung nicht mitgegeben wurden, werden Mangelmänner und später Mangelväter, die eine notwendige Beantwortung von Gefühlen ihrer Töchter weder erkennen noch erfüllen können. Und so handelt es sich um Defizite, die von Generation zu Generation weitertransportiert werden. Wie schon gesagt, irgendwann muss jeder erwachsen werden und bereit sein, die für das eigene Leben prägenden elterlichen Muster zu erkennen und hinter sich zu lassen. Sich also selbst eine gute Mutter bzw. ein guter Vater zu sein. Dieser Schritt ist für einen selbst wichtig und noch viel mehr in der Verantwortung für die eigenen Söhne und Töchter.

2. These: Gemeinsam durch Zeit und Raum

Immer wieder werde ich gefragt: »Wie kann ich den Richtigen erkennen?« Und stets frage ich zurück:

»Kennst du dich denn selbst?« Wir müssen wissen, wer wir selbst sind, um zu verstehen, warum wir den anderen gewählt haben.

In diesem Buch sind die gegensätzlichen Persönlichkeitstypen »Dauer« und »Wechsel« sowie die gegensätzlichen Persönlichkeitstypen »Nähe« und »Distanz« ausführlich vorgestellt worden. »Typ Dauer« und »Typ Wechsel« sind ein gegensätzliches Paar der Zeit, »Typ Nähe« und »Typ Distanz« ein gegensätzliches Paar des Raumes. Im Kapitel »Von Haien und Delphinen« schrieb ich über die Haie:

Das Problem des Generals (Typ Distanz) **ist das DU, das Problem des Blenders** (Typ Wechsel) **ist das ICH.**

Über die Delphine ließe sich Vergleichbares sagen:

Das Problem des Analysten (Typ Dauer) **ist das ICH, das Problem des Dieners** (Typ Nähe) **ist das DU.**

Meine zweite These lautet daher: Die ICH- und die DU-Typen ziehen sich magisch an. Also noch mal konkret:

- der ich-bezogene Narzisst, Blender oder Sonnyboy und der du-bezogene Diener, der sein eigenes Ich in den Hintergrund stellt.
- der General, der ein Problem damit hat, das Du zu verstehen, empathisch zu sein, Nähe zu ertragen oder überhaupt eine Verbindung zu Menschen her-

zustellen, und sein Gegenstück, der Analyst, dessen Ich-Wahrnehmung von Zwängen, Selbstzweifeln und permanenten Problemen mit seiner Umwelt geprägt ist.

Mir erscheint der enorme Reiz, der in der Kombination gegensätzlicher Bedürfnisse liegt, nachvollziehbar. Es ist das Bedürfnis der Beantwortung. Ein Ich findet in einem Du eine Reflexion, zugleich verspricht diese Partnerschaft zunächst Linderung eigener Defizite, bringt der Partner doch eben genau das mit, was einem selbst fehlt. Man ergänzt sich. Allerdings ist es eine Ergänzung des Mangels. Ganz so, als würde ein Einbeiniger zum anderen Einbeinigen sagen: »Mir fehlt das linke Bein und dir das rechte, gemeinsam können wir laufen!« Dem ist natürlich nicht so. Im Gegenteil: Die Fehlstellungen führen zu einer überdurchschnittlichen Steigerung des Problems, weil die Minenfelder kindlicher Introjekte, also dessen, was wir aus unserer Kindheit und Jugend als »Päckchen« mit auf den Weg bekommen haben, eine große Sprengkraft haben. Mit einem ausgleichenden Partner wäre das vermutlich weniger der Fall.

Es stellen sich daher folgende Fragen: Können wir in den DU-ICH-Kombinationen überhaupt zu einem langfristigen WIR gelangen? Oder ist es nicht eher ein gleichgerichteter Blick auf die Welt, der Chancen birgt, eine Beziehung zu einem dauerhaften WIR werden zu lassen?

Ich stelle es mir ein wenig vor wie bei den einfachen Eisenmagneten aus dem Physikbaukasten der Kinder. Plus und Minus ziehen sich magisch an, es wirkt perfekt, es sieht nach außen so richtig aus. Aber sind das eigentlich noch zwei eigenständige Teile, die da zusammengefunden haben? Hält man dagegen Minus und Minus oder Plus und Plus aneinander, so kann jeder die leichte Spannung spüren. Gleichwohl sind beide Teile einander nah, gleichförmig ausgerichtet sogar, und doch bleibt stets ein kleiner Abstand, der den Einzelnen in seiner Entwicklung würdigt und schützt. Übertragen auf die Paarbeziehung heißt das: Nur wenn wir auf die Ausformulierung unseres Selbst achten, also darauf, uns in einer Beziehung, unabhängig vom anderen, weiterzuentwickeln und unseren eigenen Bedürfnissen zu folgen, kann das WIR eine dauerhafte Chance haben. Meiner Meinung nach ist man daher besser »gerüstet« mit einem Partner, der, genauso wie man selbst, entweder mit dem Koordinatensystem des Raumes (Nähe-Distanz) oder dem Koordinatensystem der Zeit (Wechsel-Dauer) durch das Leben zieht.

Folgt man der diesem Buch zugrundeliegenden Struktur, dem »Dawendi-Modell«, dann stellt sich abschließend die Frage, wie er eigentlich aussehen soll, der »richtige« Partner. Angesichts der vielen Zuschreibungen könnte man fast den Eindruck gewinnen, es gebe auf der Welt nur noch Irre. Dem ist natürlich nicht so.

Ein Rezept dafür, wie man Mr Right findet, gibt es nicht. Man darf auch nicht vergessen, dass wir uns selbst

Die zentrierte Persönlichkeit

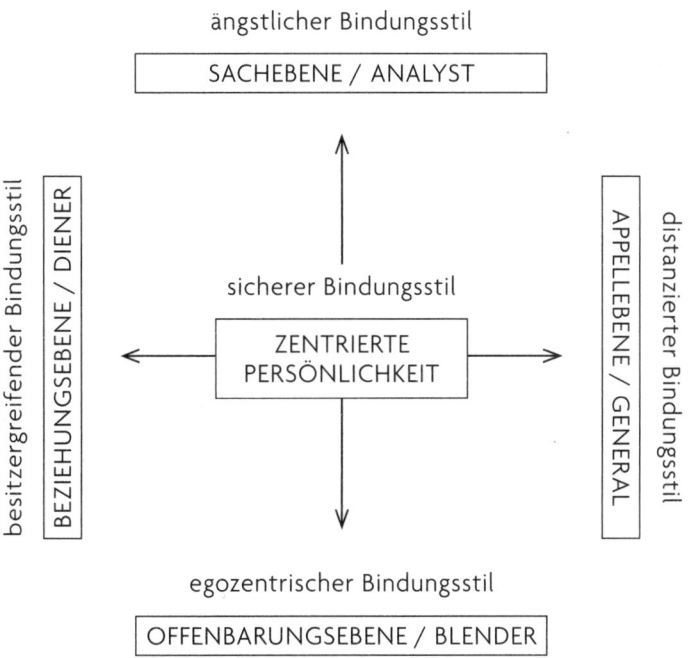

ängstlicher Bindungsstil

SACHEBENE / ANALYST

besitzergreifender Bindungsstil

BEZIEHUNGSEBENE / DIENER

sicherer Bindungsstil

ZENTRIERTE PERSÖNLICHKEIT

APPELLEBENE / GENERAL

distanzierter Bindungsstil

egozentrischer Bindungsstil

OFFENBARUNGSEBENE / BLENDER

permanent verändern und weiterentwickeln und dass Wege, die sich kreuzen, dann aber doch in verschiedene Richtungen weisen können. Langjährige Ehepartner haben es verstanden, diesen Entwicklungsprozess anzugleichen, also die Weiterentwicklung gemeinsam zu betreiben. Das ist es wohl, was man gemeinhin als »Arbeiten an einer Beziehung« versteht.

Die Frage, wie der perfekte Partner aussieht, ist also eine beiderseitige Momentaufnahme und kann kein Modell sein, das Gegenwart und Zukunft gleichermaßen abbildet. Im Grunde genommen sind wir alle selbst dafür verantwortlich, einen für uns »gesunden Partner« auszuwählen und den Weg mit ihm oder ihr zu beschreiten.

Nun kann man natürlich keine Aussage darüber treffen, wer »gut« und wer »schlecht« für uns ist, erst recht nicht, wer uns »gesund-« und wer uns »krankmacht«. Im Grunde aber gilt, je weiter sich ein Charakter vom Zentrum der gesunden Mischung mehrerer Eigenschaften (siehe Graphik) entfernt, desto schwieriger wird der Umgang mit ihm. Oder anders gesagt: Die Extreme verschärfen die Konflikte. Das Problem sind nicht die »kleinen Macken«, die sich weiterentwickeln und im Laufe der Zeit eventuell krankhafte Züge annehmen können, damit haben »normale« Beziehungen in der Regel eher weniger zu kämpfen. Das eigentliche Problem für eine Beziehung ist, wenn der Partner sich selbst anders einschätzt als sein Umfeld.

Wenn man beurteilen will, ob ein Partner »alle Tassen im Schrank« hat, dann muss man zwei Dinge herausfinden: Erstens, wie weit er sich von der zentrierten Persönlichkeit, die einen sicheren Bindungsstil fördert, entfernt hat und ob man bereit ist, diese Macken auf der »nach oben offenen Vollpfostenskala« ein Leben lang mitzutragen. Und zweitens, inwieweit das Selbstbild des Partners von der Wahrnehmung durch dessen Umfeld abweicht. Anders gesagt: Wenn der Kerl weiß, dass er manchmal den großen Auftritt braucht, ist die Sache doch erträglich. Hinterlässt er aber dauernd größere Scherbenhaufen, die seine Partnerin auch noch wegräumen muss, dann sollte sie sich ernsthaft fragen, ob sie in der Lage ist, dies längerfristig durchzuhalten.

In diesem Sinne: Good Luck! Und denken Sie immer daran: Einen Hundehaufen kann man nicht polieren!

Wie viele Ehemänner hatten Sie eigentlich, Zsa Zsa Gabor?
Sie meinen, außer meinen eigenen?

Der letzte Scheißkerl

Dieses Buch begann mit den Stereotypen der Pick-up-Artists, also jener Männer, die sich den Aufriss von Frauen zum Sport gemacht haben und hierüber im wahrsten Sinne des Wortes Buch führen. Aber auch für Frauen gibt es derlei Ratgeber, einer von ihnen nennt sich *The Rules*, die Regeln. Er stammt wie die Pick-up-Szene aus den USA und ist Ausdruck einer bigotten, prüden Gesellschaft, an der fünfzig Jahre »Women's Liberation« vollständig vorbeigegangen sind.

Die beiden Autorinnen von *The Rules* (der Titel der deutschen Ausgabe lautet: *Die neue Kunst, den Mann fürs Leben zu finden*), Ellen Fein und Sherrie Schneider, schreiben sogar im ersten Kapitel, dass eine ihrer Großmütter mit den Regeln, die sie aufstellen, schon vor hundert Jahren erfolgreich war. Und so lesen sich die Tipps denn auch:

- »Sprechen Sie einen Mann nie zuerst an!« – Totaler Quatsch! Ich kenne Frauen, die haben Männer nicht nur beim ersten Treffen selbst angesprochen, sondern auch gleich mitgenommen. Die Damen wurden klaglos geheiratet.
- »Starren Sie die Kerle nicht an!« – Aber unbedingt! Wenn Sie nicht schauen, kapiert der nie, dass Sie an ihm interessiert sind. Es gibt Männer, die sind so schüchtern, dass Sie am besten ein Leuchtschild hochhalten sollten mit der Aufschrift »Komm doch mal rüber!«. Denn in Wahrheit ist es doch so: Die Deppen stehen frech Schlange, und der nette Kerl an der Bar traut sich mal wieder nicht.
- »Ab Mittwoch keine Verabredungen mehr für Samstag annehmen!« – Ach Gottchen, wie dämlich ist das denn? Ja, dann bleiben Sie halt allein. Er wird jedenfalls gar nicht verstehen, warum er schon zum dritten Mal donnerstags fragt und immer wieder abgewiesen wird.
- »Treffen Sie ihn nur ein- bis zweimal die Woche!« – Super Idee, vor allem, wenn man in der gleichen Firma arbeitet (wo in Deutschland übrigens die meisten Paare zusammenfinden).
- »Machen Sie mit ihm Schluss, wenn Sie kein Valentinstaggeschenk bekommen!« – Ja, sicher doch! Vielleicht auch, wenn Sie nicht das richtige, ein nicht ausreichend teures oder ein hässliches Geschenk bekommen. Ist ja grauenhaft.
- »Reden Sie nicht zu viel!« – Vielleicht führen wir

einfach wieder den Rauchersalon und das Damen-
zimmer ein wie im vorletzten Jahrhundert. Weib,
schweig!

- »Kein Sex vor dem vierten Date!« – In unserer durch-
getinderten Welt ist der Durchschnittskerl da schon
lange wieder weg, denn er glaubt, dass Sie sich nicht
für ihn interessieren.
- »Erzählen Sie Ihrem Therapeuten und Ihren Freunden nicht von den Regeln!« – Ja, warum wohl nicht?

Dass solche Ratgeber wieder Hochkonjunktur haben,
kann – im Hinblick auf Gleichberechtigung und die
Gleichstellung der Geschlechter – nur desillusionie-
ren. Noch dazu, dass es die Frauen selbst sind, die zu-
rückrudern. Dieser Trend fällt auch auf, wenn man die
Frauen-Profile auf Dating-Anzeigen im Internet stu-
diert. Häufig wird hier der Wunsch nach einer »konven-
tionellen Beziehung« oder einer »klassischen Rollenver-
teilung« ausgesprochen. Sicherlich muss jeder für sich
selbst bewerten, was er für richtig hält, ich allerdings
lehne die weiblichen Regeln genauso ab wie die männlichen Aufreißmethoden. Letztlich liegt beiden diesel-
be abwegige Haltung zugrunde, das andere Geschlecht
zu seinen Gunsten manipulieren zu wollen.

Solche Ratschläge, die man in zahlreichen Varianten
auch im Netz und in vielen Frauenzeitschriften findet,
braucht kein Mensch. Sie degradieren Frauen zu einer
unkontrolliert emotionalisierbaren Gruppe. Ganz nach
dem Motto: Superman taucht auf, und das hysterische

Dummchen ist nicht mehr in der Lage, die sich anbahnende Situation zu begreifen bzw. mit ihr angemessen umzugehen. So heißt es tatsächlich bei Fein/Schneider: »Frauen entwickeln ein so starkes Verlangen nach einer Beziehung, dass sie sich emotional und sexuell zu stark engagieren und sich der Erfahrung berauben, begehrt und liebevoll umsorgt zu werden.« Dass sich solche Bücher im 21. Jahrhundert noch verkaufen, sollte man gar nicht glauben.

Sie merken schon, von einfachen Tipps und Ratschlägen halte ich nicht sonderlich viel. Dazu sind Paarkonstellationen einfach zu facettenreich, die Charaktere zu unterschiedlich, die konkreten Situationen zu verschieden. Sinnvoll können Tipps nur dann sein, wenn sie dazu geeignet sind, den anderen besser zu verstehen. Daher zum – versöhnlich-humorvollen – Abschluss, meine Top 5 für sie und ihn.

Top 5 für sie und ihn[2]

Für *sie*	Für *ihn*
1. Männer wollen beschützen. Wenn Sie einen Kerl wollen, dann lassen Sie sich beschützen. Ansonsten wird er sich zurückziehen, weil er denkt: Hier werde ich nicht gebraucht.	1. Frauen wollen umworben werden. Am meisten gilt das für die unabhängige Powerfrau, denn von der glauben alle, sie könne den Wasserkasten allein in den 6. Stock tragen.
2. Behalten Sie Ihre Unabhängigkeit. Das ist kein Widerspruch. Muss es sofort die gemeinsame Wohnung sein? Ist es sinnvoll, gleich über Kinder zu sprechen? Vielleicht will er, hat aber Angst. Lassen Sie es langsam angehen.	2. Machen Sie keine Versprechen, die Sie nicht halten können. Nichts zu versprechen ist allemal besser, als es nicht halten zu können.
3. Vergessen Sie Deutung und Interpretation. Männer sagen genau das,	3. Deuten Sie! Noch besser, fragen Sie nach. Es ist zumeist nicht das,

---

2   Inspiriert von Ann-Marlene Henning.

was sie meinen. Hören Sie einfach zu.

4. Texten Sie ihn nicht zu, sprechen Sie mit weniger Worten, und sprechen Sie langsam. Oft macht es Männer sogar glücklich, wenn gar nichts gesagt wird.

5. Loben, loben, loben. Egal, was der Kerl macht, loben Sie ihn dafür. Männer brauchen das, und es wirkt Wunder. Kleine Verbesserungen problematischen Verhaltens sofort mit dickem Lob versehen, durch positive Konditionierung verbessert sich die Situation unmittelbar.

was sie sagt. Die Story liegt dahinter.

4. Sprechen Sie mehr, äußern Sie sich, und nehmen Sie sich konzentriert Zeit für Gespräche. Wichtig ist nicht, was gesprochen wird, sondern dass gesprochen wird.

5. Augenkontakt, Augenkontakt, Augenkontakt. Ein einziger Blick aufs Handy kann die Situation zum Entgleisen bringen. Bleiben Sie aufmerksam und ganz auf sie konzentriert.

Und wenn alles nichts hilft, denken Sie immer daran:

**Nicht Gefühle sind das Problem,
sondern wie wir sie bewerten.**

Literaturverzeichnis

- Don Alphonso: »Pick-up-Artists«: Geraubte Küsse auf dem Campus«, in: *Frankfurter Allgemeine Zeitung*, 21.12.16.
- Fein, Ellen, Schneider, Sherrie: *Die Kunst, den Mann fürs Leben zu finden. Alle Regeln in einem Band.* Aus dem Amerikanischen von Renata Platt und Ursula Buntsprecht, Piper Verlag, München, 5. Auflage 2004.
- Finkel, Eli J., Eastwick, Paul W.: »Speed Dating«, Current Directions, in: *Psychological Science*, vol. 17, 3, S. 193–197, Juni 2008.
- »Frauen haben die romantische Verblödung«, Interview mit Helene Karr, in: *Frankfurter Allgemeine Zeitung*, 7.12.2016.
- Freud, Sigmund: revidierte Studienausgabe, S. Fischer Verlag, Frankfurt am Main 2000.
- Hasel, Verena Friederike: »Ausgerechnet die Liebe«, in: *Die Zeit*, 7/2015, 12. Februar 2015.
- Klette, Kathrin: »Hoffen, warten, runterschlucken«, in: *Die Zeit*, 19. Juli 2012.
- Pfarr, Elena: »Was sind hysterische Menschen?«, Blog, 9.11.15.

- Riemann, Fritz: *Grundformen der Angst,* Ernst Reinhardt Verlag, München 1961.
- Schulz von Thun, Friedemann: *Miteinander reden – Störungen und Klärungen. Psychologie der zwischenmenschlichen Kommunikation,* Rowohlt, Reinbek 1981.
- »Trauma und Prostitution«, Appell der deutschen Trauma-Therapeuten gegen Prostitution. www.trauma-and-prostitution.eu

Elena-Katharina Sohn

Goodbye Herzschmerz

Eine Anleitung zum
Wieder-Glücklichsein

Taschenbuch.
Auch als E-Book erhältlich.
www.ullstein-taschenbuch.de

Elena-Katharina Sohn ist DIE Expertin für
Liebeskummer

Liebeskummer – was so harmlos klingt, tut in Wahrheit
verdammt weh und kann uns schlimmstenfalls sogar
die Lust am Leben nehmen. Elena-Katharina Sohn arbeitet täglich mit Frauen und Männern, die an Herz-
schmerz leiden. Sie hat eine Methode entwickelt, um
zerbrochene Herzen zu heilen – und mehr noch: Sie
hilft den Betroffenen, wieder richtig glücklich zu sein!
So wird aus der Krise Liebeskummer eine wunderbare
Chance.